閱讀素養與中學歷史
教材教法

● 莊德仁　著

五南圖書出版公司 印行

推薦序一

讓閱讀素養進入歷史教室內

　　莊德仁老師在一個研習的場合獲知我正在進行多文本閱讀運用在歷史教學的研究時，主動找我討論歷史教學，我才有機會認識這位長期關注歷史教育、也勇於改變教學的老師。莊老師很大方地邀請我到他的教室去觀課，也陸續分享他在歷史教學相關的文章，偶而在電視上應邀對歷史影片作專家詮釋，才知莊德仁老師對歷史教育之熱衷與全方位的參與。

　　常聽到很多中學社會科教師抱怨教學時數不夠，隨時都要趕進度，由學生處得知教師趕進度的方法真是五花八門，講課速度之快、幫學生做整理只說重點、或是以考題或重點為主的講授，讓考題、講義條列式的重點整理取代了課本，也養成學生依賴教師餵重點；當然也常見教室老師因趕課而一半學生都趴下睡覺。這些解決問題的方式都忽略了學生的學習需求、學習的參與權，甚至也遠離了歷史科的教學目標。美國歷史教育學者Sam Wineburg認為中學生在歷史科的學習，應該要學會如何像歷史學家一樣閱讀文本，但不是要把中學生教成歷史專家，而是讓學生利用他們的閱讀能力，學會在閱讀文本時，可以看出事件中的類型（pattern）、了解不同意見的對比，以及像歷史學家一樣做出推理的詮釋，而不應陷於文本內的細節和瑣碎的知識。因為，很多中學生中學畢業後，就沒有機會再學習歷史了，而他未來的生命中，不論是於公於私都很需要歷史學者般的閱讀與思考，因此中學的歷史教學應該兼顧知識和方法。反觀國內歷史教育如前述現象，而為考試填鴨知識、為政府提供單一觀點，斤斤計較於課本寫的標準答案，而忽略了這一學科對中學生個人之意義和重要性。

　　大多數的中學生都具有基本的閱讀能力，但其閱讀素養需要融入各學科的學習才能繼續滋長，在各學科文本的閱讀才能習得該學科的思維和方法。很高興莊德仁老師去年在我鼓勵之下，將自己這幾年參與PISA、命題改革、教學改革

的工作所累積的經驗，把閱讀素養與中學歷史教育做一結合，寫成這本書，讓國內歷史教師有機會可以學習另一種歷史教學的取向。期待莊老師的行動力和歷史教育的專長，能繼續推動歷史閱讀教學的研發與改革，把閱讀素養帶進國內的中學歷史教室內，翻轉歷史教室，讓老師和學生都能共享學習歷史的責任與樂趣，也重新建立歷史教育在民主社會之價值和地位。

　　「閱讀是各種學習的基礎，在我們所做的事情中，最能解放我們的心靈的，莫過於學習閱讀」英國教育部長布朗奇（David Blunkett）的這一句話，與各位教育工作者共勉之。

洪儷瑜

臺灣師範大學特殊教育系教授兼系主任

教育部閱讀師資培訓－區域人才培育中心，北二區主持人

推薦序二

學習者爲中心的教學創新

快速變化是21世紀的時代特性，教育變革亦因應而生，學校的教育與教師的教學都面臨巨大的挑戰，有人選擇抗拒，有人選擇觀望，有的人則選擇以不變應萬變，但也有人選擇嘗試，以探究的精神、做研究的態度、創意的想法與作法，企圖在多變與充滿未知的環境中，找出一條以學習者爲中心的教學創新之路，期望對教育有所助益，這本書的誕生歷程，正好說明了莊德仁老師，就是其中一位開路先鋒！

過去幾年之中，許多熱門教育理論或行動隨著時代的脈動與需要因應而生，如：多元評量、學習策略、閱讀理解、閱讀素養、PISA、素養評量、學習共同體、教學翻轉、特色課程等，不勝枚舉。教學現場的老師們爲符合變革需要，必須作出許多改變，但是改變會讓人不舒服，感到不安全，因此變革會遭遇阻力。其中，若是有老師願意擔任先驅者的角色，以做研究的態度，嘗試創新教學後分享給同儕老師們，將會使變革阻力大爲減少，也可以提供其他老師更具體的協助，教育變革成功與否，教師主動參與，成爲關鍵性的角色！

這本書是莊德仁老師在多年歷史教學歷程中，面對教育變革與創新思潮所淬練出來的教學反思、教學創新與創新行動實務，其中有許多值得探討與分享的想法、議題，還有可供操作的實例，難能可貴。

例如，它記載著一位老師反思如何由「講授式」教學轉換到「學習者爲中心」的教學設計；由於歷史學習需要閱讀大量的文本資料做爲基礎，教科書只是眾多教學材料中的一部分，教師授課不能單以教科書爲唯一教學材料，培養學生以閱讀理解策略閱讀各樣文本，進一步對所閱讀材料進行分析、推理、歸納、統整而達到理解、應用與分析、評鑑，使學生具備良好閱讀素養，才是提供學生可以主動學習的釣魚竿，而非餵養精美教科書中美味的「魚」，關於如何在歷史教

學中以素養評量培養學生的閱讀素養，此書中有許多的論述、分析與實作。

　　學習者為中心的教學思惟，雖已廣為大眾所接受但卻難以推廣。深究其因，主要係眾多教師對於如何實施才能達成「有效學習」，目前尚缺少普遍性的一致作法，是否能適用於多數學生或學校亦尚待檢驗。莊老師則進一步定義了「學習者為中心」的教學設計，尚須包括以「知識為中心」，為何而教、教什麼、如何教，才能加強學生的知識理解；以「評量為中心」，經由形成性評量幫助學生和老師，以後設認知監控學習進度與狀態；「以社群為中心」，用一種促進學生彼此互助的合作學習型態，學生的認知得以發展。此定義提供了一個教師創新教學的新觀點，不僅對於身為教師的讀者有幫助，對於學生、教育研究者均有助益。因為它論述了如何打破以教科書為唯一教材的習慣，以扣緊核心能力作為教學設計的首要原則，以及培養閱讀素養的歷史教學設計。

　　本書中有許多關於教育理念的反思與探討，可貴的是，其中包含許多實例分享讀者可以直接參考運用，例如，如何以形成性評量設計出活潑有趣，引發學生主動學習並結合培養閱讀能力的課堂教學設計。如何以「學習者為中心」的教學創新，可以有千萬變化的教學設計，但其中的教育哲學與教學原理卻是至為簡單，欣見有許多教師開始關注此議題，並開始嘗試與分享，莊德仁老師將教學創新心得系統化的整理出書，是具有行動力且十分有效的作法，令人感佩！寄望有更多的同好，能把精彩寶貴的心得公開，為台灣的教學創新，打造一條寬廣的道路，造福學子！

陳偉泓
建國中學校長

自序

　　在各位讀者，閱讀本書內容之前，身為作者的我，覺得應該多說一些話，讓讀者對於連結閱讀素養與歷史教學，有更清楚的認識。首先，我想跟各位讀者說明的是：本書除了有著筆者對於現今熱門教育理論的思考與轉譯，且書中所設計的教材，都曾實際在課堂上教學實驗，甚至還公開教學觀摩，所以，這些內容不僅是教學理論，更是可實際教授的教材。在書寫本書的同時，筆者也透過公開演講與現職中學教師面對面溝通，發現我們都有共同的教學困境，那就是臺灣歷史教育長期以來都依賴教科書作為教學的唯一版本，教師也習慣用講述法教學。而龐大的教科書內容，造成進度的壓力，讓教師難以改變教學的方式；加上學生、家長甚至教師，都希望教學能對考試評量有所正向的幫助，教完某一進度後，若能透過評量，來釐清學生學習的問題，是師生共同盼望的理想教學模式。

　　有趣的是：現今一綱多本的教科書出版生態，讓大考試題內容勢必要跨越教科書的限制，促使教師常需要再補充相關歷史資料，方可面對多變豐富的考題內容。許多教師又因為學生閱讀能力的低落，進度的壓力，深恐連教科書都看不懂的學生，如何能理解課外的補充資料。所以筆者希望能結合測驗與評量的方式，採用形成性評量策略，讓學生在課堂上閱讀，在競賽的遊戲節奏感中，快樂地學習。

　　所設計的問題素材，先以教科書內容為基礎，再酌加歷史名著，用提問測驗的方式，巧妙地讓學生學會閱讀的技巧與策略，培養足以自學的能力，再讓學生也接觸閱讀歷史名著，透過閱讀不同於教科書內容的記載與解釋，讓學生深刻地體會歷史不是過去事實的記錄，而是再現過去的方法，且不同立場與資料，都會書寫出不同的歷史面貌；又透過歷史名著，來學習歷史學特有的歷史概念與敘述策略，一方面讓學生能進一步理解歷史學的特殊思考方式，另一方面又可透過後設認知的教學策略，理解歷史學建構的深層內涵。

　　在此，筆者想要強調：本書所採用測驗的方式，是一種教學策略，但不是

唯一絕對的模式。一方面希望在課堂上用測驗競賽的方式，改變講述法教學，以課本內容為脈絡，來設計問題，讓教學符合且又能順暢地完成進度，不要讓改革衝得太快，造成學生、家長還有教師的恐慌。筆者在本書中所提供與分析測驗題的內容，不是為了解題，而是讓讀者能更具體清楚的理解，應該提供哪些閱讀資料作為教學素材？且可以如何提問，可以增進學生閱讀素養與歷史核心能力？測驗形式採選擇或開放式申論皆可，而我多採用選擇題型式，主要因為選項也是另一種提供作答的訊息，可培養學生信心與興趣，且選擇題又是目前評量測驗的主要型式，更是台灣師生最熟悉的方式，讓改革在最自然、有趣且又實用的方式進行，是我教學設計的根本用心所在。

當然在實際教學時，我也讓學生彼此討論，因為學生與教師程度相較，學生彼此程度較為接近，也是最適合教導同學學習的小老師。教師在課堂上透過測驗，來增加學生思考動力與引導其方向，讓學生透過分享，幫助同學的學習；我也有設計開放式的問題，甚至讓學生學習閱讀資料後，自己學習來問問題，問有助於閱讀與歷史學習的問題，這些都是教導提問技巧的策略。此外，筆者還安排寫作的練習，培養歷史學「陳述」的能力。學生在閱讀討論後，應留下文字的紀錄，好讓教師可透過閱讀學生的寫作內容，能具體、深刻地理解學生的閱讀成效，再加以輔導學生學習。

歷史有兩個層次，第一個層次是一般人認為記錄人、事、時、地、物的歷史知識；第二個層次是如何呈現上述內容的歷史概念與敘述策略。歷史教學要教第一層次，更要教第二層次，因為兩者是連結在一起的，但講述法常僅能教第一層次，這也是講述法的限制。所以，我認為透過閱讀歷史文本，問資料的主旨、寫作者的用意、隱藏的企圖、甚至問他運用哪些歷史概念與敘述策略，這些問題可以讓學生知道學習歷史不僅是記很多人、事、時、地、物，更要學習如何呈現過去，這就是歷史核心能力。在歷史核心能力中，很重要的是歷史概念與敘述策略。透過選擇題、非選擇的測驗，還有寫作法，可以讓學生知道學歷史除了語意知識，更要懂程序知識與策略知識，透過提問，可讓學生熟悉這種歷史的問法，進而做為閱讀歷史資料，甚至自己書寫歷史的問題意識。

　　透過在課堂上一連串詢問有關歷史核心能力的問題，學生將會知道：文本是理解歷史的途徑，教科書內容並非是絕對的答案。透過閱讀對同一事件，但不同解釋的文本，學生會理解：不同的歷史解釋，將會讓歷史事實出現不同面貌。透過閱讀有關：神入、因果、時序、變遷/延續、證據等歷史概念的文本，並問學生這可以用哪一歷史概念來理解，是檢視學生是否學到透過閱讀，自學歷史的方法，因為神入、因果、時序、變遷/延續、證據是歷史學特有的概念，也是許多歷史書呈現歷史知識特有的模式結構。學生經由有意識的閱讀，將能更深刻地理解歷史知識的特色，這也是透過後設認知學習歷史的有效方法。

　　在書中，我也希望學生能練習寫作，這是歷史學裡陳述概念的練習，因為歷史不僅是紀錄過去的事實，也是學習如何記載過去的一門學問，透過陳述，上述種種歷史概念所呈現的歷史知識，教師透過閱讀學生的陳述內容，方可確定學生是否真的理解歷史概念。因為陳述是呈現歷史知識一門非常重要的能力，若沒有陳述，歷史將不可能出現，這也是現今課堂僅講授知識，並無練習寫作所最缺乏的部分。

　　另外，史家在陳述歷史知識，也透過種種的敘述策略：譬喻、考證、舉例、褒貶、比較、敘事、史論等。透過問題設計，我們讓學生經由閱讀文本來認識這些策略，甚至希望讓學生透過閱讀資料，是否能發現文本資料可以問那些歷史的問題，讓學生意識到閱讀歷史資料不是找答案，而是問：歷史資料是採用那些歷史概念與敘述策略？讓學生養成深度歷史閱讀的眼光。我在本書的第二部分實務篇裏台灣、中國與世界史的教案中，我都設計了歷史閱讀的問題，有選擇、非選題，也有寫作練習，並讓學生自己問問題的開放式提問，這是我認為學習閱讀歷史的方法。

　　本書的創作動機，都是出發自歷史應如何教？如何學？筆者誠摯地呼籲：如果要增進歷史學習能力與閱讀素養，應改變講述教學法，且一定要閱讀歷史名著與相關史料文本，且去問：文本寫了什麼？作者為何要這樣寫？他如何呈現？採用哪些歷史概念？運用哪些策略？這些問題正是閱讀素養的培養，而測驗當然是問上述的問題的教學策略之一。切記：以學習者為中心、以知識為中心、以評

量為中心、以社群為中心，此四項有效學習的準則，作為教學設計的主要宗旨。

筆者對於「閱讀素養」這門學問，從一個門外漢，透過進修、研習與教學實驗後的省思，最後能寫出一本連結「閱讀素養」與「歷史教材教法」的小書，首先要感謝的是國家教育院柯華葳院長，筆者在參與柯院長本人帶領的PISA閱讀素養的工作坊後，對於柯院長盼望整個教育界與社會，都能樂在閱讀且精於閱讀的用心，深深感佩，又閱讀許多她深入淺出介紹閱讀素養的著作，深感歷史學也應發展出推廣閱讀素養的作品。在參加十二年國教的研習中，非常幸運能認識長年推廣閱讀教學的臺灣師範大學洪儷瑜教授，感謝洪儷瑜教授醍醐灌頂地提醒筆者，原先筆者所設計的互動式教學法即具備閱讀素養的理念，因有她的鼓勵，筆者遂鼓其愚勇，在教材內加入更多有關「閱讀素養」的問題，且實際地在課堂上施作。從學生的優異表現，更讓筆者想要推廣分享到其他同事，甚至其他學校。也感謝洪儷瑜教授在百忙當中，願意撥冗蒞校，親自觀看筆者教學，給予我非常寶貴的教學建議，她也無私地提供許多閱讀素養研究的相關資源，可謂是幫助我深入思考與設計歷史閱讀教學，非常重要的貴人。

臺灣的歷史教育研究與大考試題研發一直有著與時俱進的優良傳統，筆者很幸運能結識長期投入這兩重要領域的清華大學張元教授。受到張老師的啟發，讓我能進一步思考歷史教學與閱讀素養兩者的關係。東吳大學林慈淑教授在北一女帶領的讀書會，讓我受益良多，除了可以接觸到美國歷史教育大師Sam Wineburg的大作外，也讓我能再次反省歷史教學應該要教什麼？怎麼教？這兩大重要的問題。讀書會中北一女的單兆榮老師、黃德宗老師、張百廷老師、陳惠珠老師、朱茂欣老師、楊惠娟老師，建國中學的賈本曜老師、戴志清老師、黃文斐老師、莊珮柔老師等所提供的寶貴意見，都是刺激我思索台灣歷史教學改革的極有用資源。臺灣師範大學的陳豐祥教授持續地鼓勵我從事歷史教育的研究，並給我參與歷史教科書編寫工作的機會，讓我能實際的體會歷史教育的限制與新發展可能。這些都是筆者思考歷史教育的良師益友，沒有他們，這本書是絕不可能出現的。

筆者巧遇提倡有效學習、差異化教學與多元評量的十二年國教教改浪潮，

透過參加十二年國教的研習，身為種子教師的我，因為肩負宣傳教學理念的職責，催促我更廣泛地進修研讀，深刻地反省相關教學理念，發現有效學習、差異化教學與多元評量等新教學理念，都與我所設計的教材教法不謀而合，更鼓舞我發表一連串歷史閱讀的教學設計方案，透過數十場的教學演示與演講，還有相關教學設計發表，我直接聽到許多第一線教師的心聲，感謝獲得他們的支持，進而鼓舞我組織志同道合的學習社群。

　　在筆者撰寫本書的同時，也著手編寫相關歷史閱讀教材，目前適合高中學生使用的臺灣史閱讀素養教材已經出版。而中國史與世界史的部分，筆者希望藉由學習社群的力量，讓更多第一線教師能參與教材設計的工作，現在已邀請多位跨校歷史教師參與。此時本書的出版，相信對於「閱讀素養」的推廣，尤其是學理介紹與實例觀摩有著正面的功效。在筆者推廣相關教學理念的期間，感謝建國中學陳偉泓校長的支持，讓我可以透過學習共同體的教學觀摩，吸收到許多教學先進的寶貴經驗，更舉薦我加入臺北市學習共同體的教學團隊，讓我認識許多位優秀的教學夥伴。更感謝兩位匿名學術審查人，細心嚴謹地審查我的作品，肯定本書的見解，也提出非常寶貴的意見，指正筆者思慮不足的部分，讓本書內容能更為深入與完整。最後還要感謝五南出版社的陳姿穎與邱紫綾編輯，她們費心仔細的編排校對，耐心地接受我一而再、再而三的修改。本書的出版希望能在歷史教育界喚起拋磚引玉的效果，盼望能更深化「閱讀素養」落實於實際教學上，而本書內容上的疏漏，也期待各方先進多所指正，且出版更多有關閱讀方面精彩的著作以嘉惠學界，這是我最深切的期盼與願望。

莊德仁

目錄

第一部分：理論篇

第一章
在歷史研究與教學中發現「閱讀」

　　在我的歷史學習與教授經驗中，發現臺灣的歷史教學傳統，多主要是採用講述法。求學期間已習慣講授法學習的我，當我站上講臺，身為教師面對學生時，很自然的，也是以講述法教學。現在會採用「閱讀」方式，甚至還寫書來推廣「閱讀」教學法，實經歷一場漫長且奇妙的教學歷程，本章即向讀者介紹：我如何發現「閱讀」。[1]

第一節　震撼的閱讀與研究經驗

　　粵秀山爲舊有觀音殿，呼爲觀音山。士民瞻仰久彰靈異，本年（<u>道光</u>
<u>二十一年</u>）四月初三日至初六等日，英夷攻城之際，捉獲漢奸稱賊攻清海
門附近，城牆正欲開，煙霧中望見白衣神像立於城上，遂不敢轟擊，火葯
局在觀音山下，貯葯三萬斤，漢奸潛拋火彈，火焰沖起，倘葯力發動全城
灰燼，當兵弁搶救之時，軍民望見衣白女裝在屋上長袖拂衣，登時撲滅。
且夷匪火箭如雨射入，城內無一延燒，所有火箭飛入水塘，即落空閒之
處，而夷匪方欲天炮謀欲向城安放，而迅雷暴雨瀉若傾盆，沖歿漢奸及黑
白夷人百餘民，夷人無不畏懼。**2**

　　我開始擔任高中歷史教師教職是從1996年9月開始，當時的我，一方面有高
中歷史教學的工作，另一方面則正在攻讀歷史博士班課程，我的博士論文是以清
朝官方檔案中記載的顯靈事蹟，作爲研究課題。上述的歷史檔案，正是我長期
奔波於臺北故宮文獻檔案室（其中有一年暑假還曾赴北京第一歷史檔案館找資
料），所意外發現的資料。這資料描述著清道光21年，英國海軍艦隊開砲攻擊廣
州城，因出現觀世音顯靈，讓這場軍事攻擊並未造成嚴重的傷亡，當時負責鎮守
廣州城的奕山將軍，雖然有神佛庇佑，但怯於出戰，最後還是以簽定《南京條
約》作爲收場。我記得，我看到這資料是既興奮又震撼，連忙快點用筆抄錄於
紙上（因爲當時臺北故宮的檔案史料影印費一張需索費5元，對一個新婚的研究
生，若每張須用到的檔案皆要影印，那將是筆沉重的負擔）。

　　隔天在學校課餘時間，當我想把抄錄的顯靈檔案資料，打字爲電子檔時，
我發現這一則有趣的資料，嚴重地衝擊我以往對鴉片戰爭的理解。「這是真的
嗎？」這個問題一直纏據在我腦海，緊接著「這資料可以用嗎？」、「我的論文
可以寫嗎？」這一類的問題，讓我整天焦慮不堪，當我快要受不了的時候，我只
好打電話去問我的論文指導教授莊吉發先生。爲何要用打電話的方式？其實我要

如何跟指導教授談這個攸關論文是否能夠繼續寫下去的問題，究竟應該採取何種
方式，我想了很久，後來決定還是選擇打電話這個不要直接見面的方式，我記得
那時我吞吞吐吐地表達我對這則資料的擔憂，但電話那端傳來的回答卻是「你如
何證明那資料是假的？」聽完上述簡短回答的我，頓時也不知該如何反應，只是
說聲「謝謝老師！」就連忙掛上電話。後來，我也不知道我是從哪抖生的勇氣，
竟完成了博士論文，在論文完稿時，我依稀記得莊吉發老師曾私下神秘地跟我談
以下一段話：「你能夠順利完成這本有關鬼神的論文，且沒有發生什麼精神上的
問題，可見，你應該是個有福之人！」關於我是否真是「有福之人？」我不得而
知，但我感覺我好像碰觸到一個問題了：「歷史是什麼？」

第二節　艱困的教學備課歷程

對於一個高中歷史教師，針對上述這個大哉問，理應會再生出：「教師應該怎麼教歷史？」與「學生應該怎麼學歷史？」等疑惑，但臺灣的歷史教學環境，讓我根本沒有提出上述疑問的機會。當時我教學的歷史課本仍是一綱一本的部編版教材，內容有著清楚的時序觀念，主要依著政治史的脈絡，紀錄歷史上重要的人、事、物。我在碩士畢業之後，就考取高中教職。我記得當時剛從研究所畢業的我，一開始模仿研究所教授的講課方式來備課，每一節課都會先心虛地提出一些有關此章節的「大問題」，來凸顯本章節內容中若干議題的學術重要性，後來發現高中生好像對「大問題」沒什麼興趣，更重要是往往自己備課甚久，但一上臺，不到10分鐘就講完了。怕自己會因很快地把備課內容講完，而難堪地「掛」在臺上，又不想自己每節課只是匆匆念完課文，心中總希望能分享給學生一點有關研讀歷史學的趣味與心得，但卻不得其門而入。總之，我曾經苦思應該如何教授高中歷史此類問題，經歷過一段「學習備課」的漫長艱困歷程。

後來，我決定模仿我高中老師的上課方式。我在上課前，先將本章節主要內容依照背景與因果等關係依序條列化（坊間參考書的重點整理即是如此），遇到一些專有名詞，則將相關解釋抄寫在狹小的行間空隙（這種類似國文課本的注釋方式，現今許多教科書的備課用書仍在採用），然後在上課時，則再抄錄一次在黑板上，並儘可能地將名詞解釋也寫在黑板適當的位置。後來，意外地發現其他歷史科同仁，他們會將參考書整理的比較圖表，伏貼在教科書課本，教授到相關內容時，則也表列在黑板上。於是，我開始抄寫與剪貼的備課歷程，且一站上講臺，為要節省時間，要一邊寫黑板、一邊講述相關內容，常常一堂課下來，整個人頭髮、衣服甚至嘴唇都沾上粉筆灰。

上述備課方式，讓我有一陣子充滿自信地站在講臺上，但馬上我又遇到另一個問題，此種重點整理方式，對有心從事抄寫工作的學生，或許足以讓他們度過充實且忙碌的50分鐘，但對另外一些注意力不足，且沒有興趣抄寫的同學們，

則是容易昏昏欲睡的教學歷程。於是我又模仿補習班名師，開始學講一些笑話，還有相關歷史人物佚事與八卦傳聞，以求喚醒那些常常是睡眼惺忪的高中學子。還記得，為解決上述問題，我曾作一個重複的惡夢：我夢見我依舊忙碌地抄寫課文重點於黑板上，焦慮、急促且連珠砲式地講述相關內容，為求能更順暢地完成抄寫工作，我常需要採取面對黑板但背對學生的位置，有一天，在我維持上述姿勢拼命趕課且持續一段時間後，只見四周寂靜無聲，當我猛一回頭，竟然發現學生全跑光了！

　　或許是因為黑板太小，無法容納太多與過長的史料抄寫，或許是潛意識覺得一直抄寫太過麻煩，我也曾經影印相關史料或圖表給同學在課堂參閱，但並沒有太過深奧與有效的歷史教學考量，主要僅是換個方式加深同學印象，方便記憶相關課文重點而已。2008年我架設屬於自己的部落格，因為深感上課時數有限（學生是說我想要衝人數），我開始嘗試將歷史文本材料放置於網站上，透過部落格來問同學相關問題，我再針對其回答予以回覆，這種在課外時間，透過部落格的延伸教學，並未改變我在課堂上講述、抄寫式的教學模式，倒是讓我在課餘時間，因為要回覆學生回答，一直維持著很忙碌的狀態，且對於找的材料與提問的問題，因為不得相關學理支持，是否真有助於學生的歷史學習，我還是沒有保握，不過透過與學生在網路上互動，彼此感情倒是增進不少。2009年我開始利用PPT將歷史材料投影呈現，在課堂上與同學討論相關問題，2010年我提出「互動式教學法」，開始透過演講與高中老師分享教學心得，並正式於2011年陸續發表相關教學設計，[3]我才忽然間警覺，我又碰觸到「歷史是什麼？」這個老問題了。

第三節　大考試題的刺激

　　我必須承認臺灣的歷史大考試題，是讓我提出「互動式教學法」的一大推手。使用88課綱歷史教科書的首屆高三考生蔡志謙同學，「意外」以97.5分的總得分成為當年歷史大考的最高分。上述的蔡同學正是我教授的學生，沒想到這個「意外」，讓我對於往後歷史大考的趨勢，不僅關心，且還不斷發表文章提出評論。[4]當時的我對於歷史大考試題竟可以脫離教科書內容，就硬生生地測驗同學，深感不解，加上當時我又是臺北市歷史科輔導團教師，故常有機會針對歷史大考試題公開發表意見，所以我常「戲謔」地批判考題，但罵得愈重，卻見大考試題依舊與教科書內容有著一段不小的距離，讓我對於「教師應該怎麼教歷史？」與「學生應該怎麼學歷史？」等問題，更加地困惑，怎知這些疑惑，卻是日後讓我思考歷史教學的良師益友。

　　在我持續批判大考試題的過程中，我發現很多試題是教科書相關內容的換句話說「陳述」，學生只要找到重要關鍵字，便可輕鬆解答。然比較麻煩的是：許多試題多脫離課本相關內容，學生很難判斷正確答案，很容易出現缺乏鑑別度的現象，而這些題目，很多都是摘錄自學術論文，便讓我興起：摘錄與教科書內容的相關學術論著，作為歷史課上課教材的想法，此即是我「互動式教學法」的主要教材來源。另外我也發現臺灣的歷史大考試題也有一種新命題趨勢，持續地擴張當中，那就是命題者逐漸脫離教科書內容的束縛，透過提供充足的資訊作為題幹，測驗學生的閱讀理解能力。此種試題設計主要是認為學生只要閱讀考題題幹與選項的內容，再加上邏輯推理，便可找到正確的答案。像101指考第26題：

　　　　一位學者指出：有一個朝代，《史記》以〈殷本紀〉作為記載此一朝代歷史的篇章，唯「商」字實已出現於較《史記》更早的古本《竹書紀年》中。在甲骨刻辭中，「大邑商」也出現了不只一次，但卻從未出現過「殷」這個字。根據上述分析，這位學者主張此一朝代的人應自稱為：

(A)殷人　(B)商人　(C)殷人或商人　(D)中國人

本題答案爲B，認眞的同學閱讀教科書一定會知道有關商朝的諸多名稱，但這些資訊卻很可能會成爲同學作答的「障礙」，因爲本題主要是測驗同學是否能深度閱讀，理解當學者發現「甲骨刻辭中從未出現過『殷』這個字」此段話的意思，此學者將會主張不宜以「殷」來稱呼此朝代的意見。所以，「答案就在題目中」，只要閱讀題幹就可找到正確答案了。再看102指考第8題：

　　某位史家說：「十字軍對歐洲文明影響是否很大，是有爭論的。毫無疑問，十字軍有助於義大利港口城市的經濟成長，尤其是熱那亞、比薩和威尼斯。然而重要的是，十二世紀財富和人口的增加先使得十字軍運動成爲可能。十字軍也許促進商業復興，但確實並未引發商業的復甦。」這位史家要說明的最可能是：
(A)有關十字軍運動對於東方世界的影響
(B)十字軍運動對於歐洲文明並沒有影響
(C)義大利商業復興是十字軍運動的結果
(D)商業和人口復興是十字軍運動的背景

本題答案爲D。因爲教科書提到十字軍東征，常會談到十字軍東征帶動東西貿易的成長，所以十字軍東征是「因」，而東西貿易是「果」，但本題題幹卻反駁此一意見，希望同學閱讀題幹後，知道「商業和人口復興是十字軍運動的背景」。本題跟上一題一樣，提供一段完整的資訊，且「故意」與教科書相異者，來測驗同學是否能透過閱讀題目，而非熟讀教科書，來找出正確選項。我警覺「閱讀」，很可能是歷史大考試題的新走向，遂開始關心相關議題與學術研究內容。

第四節 「閱讀」教育思潮的洗禮

　　我發現「閱讀」一詞，在21世紀初的臺灣教育界與出版業，已成為一門「顯學」。我曾將「閱讀」一詞，透過國家圖書館的資料庫檢索系統，來作為尋找館藏藏書的關鍵字，竟出現高達3800多筆的紀錄。此結果反映學術界與出版業對閱讀的高度重視，然反觀臺灣社會常被說國民閱讀習慣甚差，平均國民每年閱書量甚低等批評，此兩者恰出現明顯的反差。另外值得重視的是：在學術界強調閱讀重要的同時，也正是臺灣教育界在推展「九年一貫」與「十二年國教」的階段，此兩大教改運動，都強調「能力」與「素養」的重要，而「閱讀素養」又成為新一波的熱門詞彙。在發現上述現象之後，我覺得應該從認識何謂「閱讀」？何謂「閱讀素養」？才能釐清「閱讀」為何會被臺灣學術界與出版業重視的原因。我發現這種重視「閱讀」的趨勢，已非是臺灣的孤立現象，他早是國際潮流了。以下我擬從接觸閱讀與閱讀素養、21世紀前後的國際教改潮流、臺灣內部從「能力」到「素養」的教改方向與國際閱讀評鑑成績的刺激四個方面，來討論為何要重視「閱讀」。

一、接觸「閱讀」與「閱讀素養」

　　「閱讀也就是讀書面語言，書面語言指的是印刷體上所呈現的各種符號。」[5]上述界定可謂是關於閱讀的最簡單定義。而關於閱讀素養（Literacy），其定義卻有著與時俱變的發展特色。一開始Literacy是指閱讀與識字能力，其最初用於17世紀的英國，係指能夠閱讀與理解莎士比亞戲劇內容的能力。[6]由於莎士比亞戲劇是當時重要且流行的閱讀文本，故被視作判別閱讀素養有無的指標，此標準若換在今日，則將以能否閱讀報紙內容作為最低的閱讀素養。且當今教育學者對於Literacy的解釋，除了強調識字能力之外，更強調理解的重要，故認為

閱讀是透過識字將文字組成詞彙，再把詞彙建構成命題，最後加以統整以達到理解的效果。[7]另外有些學者，則認為透過認知與理解之後，更有著創造意義的新學習歷程。[8]

　　在20世紀，已有許多國際機構把閱讀素養視作是判別國力強弱的觀察指標。早在1946年，聯合國教科文組織（United Nations Education Scientific and Cultural Organization, UNESCO）即主張識字為基本人權之一，且將識字率作為計算國際人力素質的重要指標之一。[9]且在21世紀初，UNESCO其曾定義閱讀素養（Literacy）：「指能認同、了解、解釋、創造、溝通及計算使用不同性質材料的印刷和書寫的資料，透過閱讀素養，可以促使個人實現自我目標、發展知識與潛能，並參與社會，以進行連續性的學習。」[10]此定義更強調閱讀素養可培養多樣性能力，並也肯定閱讀素養可促進終身學習的能力，其也凸顯閱讀素養在當前國際教育潮流的重要性。

二、新世紀前後的國際教改潮流

　　在21世紀來臨的前後，當許多先進國家紛紛針對自身的國民教育，提出新的改革方案，臺灣也受外國教改浪潮影響，推出九年一貫與十二年國教等教育改革議題，此教改的內涵與方向，主要是受美國、英國、澳洲等國的影響。以下主要即分析此三國的教改主要內涵。

　　1983年全美教育傑出委員會（the National Commission on Excellence in Education）針對當時美國教育效果日益減弱，深恐此將導致國家競爭力低落，提出《危機中的國家：教育改革的迫切性》（A Nation at Risk: The Imperative for Educational Reform）一書，從此開啟美國學校教育改革的「標準與績效運動」（standards and accountability movement）。除此之外，民間教改人士也在1980年代末，由下而上地開展改革運動，學校的重組與提昇教師教學知能的專業化是改革的方向，關心的焦點主要是針對教師教學內容與教學方式進行改革。[11]此運

動的主要目標,是希望能幫助所有學生,都達到學業成就的標準。由於此議題深得美國民眾的關心與支持,教育改革遂成為往後總統選舉中吸引選票的訴求之一,所以之後的老布希總統宣布「2000年的美國:教育策略」(America 2000: An Education Strategy),繼任的柯林頓總統也提出「目標2000:美國教育法案」(Goal 2000: Educate America Act)。1997年美國教育部亦根據其施政理念與構想,擬訂四年的教育改革總體計畫,其中包括增進學齡前兒童的學習計畫,並激勵父母及早參與孩子的閱讀學習,幫助每一位學生在三年級結束前能夠獨立並順暢地閱讀,並透過學力測驗的評鑑,確立嚴格的全國標準,落實增進國小四年級學生的閱讀能力等。[12]然談到教育績效,首需建立一個具體可執行與觀察的標準,進而組成具有績效的教育系統。因此,2001年小布希總統簽署「沒有一個孩子落後法案」(No Child Left Behind Act),具體要求各州學校必須逐年改進學生在閱讀、數學、以及科學方面的表現,並讓學生的學習皆能符合具體標準的要求。此教育方案採取實證的方法與策略,特別著重改進學生閱讀能力。閱讀能力的養成,遂在美國21世紀前後的教育改革浪潮中,成為提升國家競爭力的重要指標之一。

　　相對於美國由小到大,陸續落實基礎能力的培養,英國的教改則採成年人的觀點,由增進學生畢業後在職場謀生與生存的能力為基礎,反思學校應該教導學生哪些關鍵能力,作為教育改革的方向,所以英國教育改革特別針對14-19歲階段,著力最深。在21世紀前後,主要是統整學生在學術與職業類別的發展,認為學生在學校所學應包括對解決實際生活問題的能力,故特別強化培養面對挑戰、解決實際困難、應付日常生活、團隊協作等方面的能力,重視職能導向的教育發展。此發展趨勢可追溯至1976年之「大辯論」(Great Debates),其主張應在中等教育階段提供學生更接近現實生活世界的課程,也因而更強調實務、職業導向的教育。待工黨政府於1997年執政後,更強調教育人才培育,以厚實國家經濟競爭力,也在歷次的綠皮書或白皮書中不斷強調職業教育的重要性,積極推動證照制度。[13]英國在重視適應現實生活能力的教育氛圍下,1990年3月國家課程委員會(National Curriculum Council, NCC)針對若干關鍵能力提出具體的核心

技能。如在有效的溝通上，希望學生能了解及使用語言的能力，包括聽、說、讀、寫、以及心象（images）的運用，這些都與閱讀能力的培養密不可分。

　　臺灣九年一貫課程的架構，主要是參考澳洲關鍵能力的教育改革理念而來。[14]1989年澳洲聯邦政府、各地方政府及企業團體，提出一項全國職業培訓改革方案（the National Training Reform Agenda），開啓「能力導向」落實於教育界的新理念，改革的主要訴求是扭轉過去以知識爲本位的教育價值觀，轉而強調培養學生基本生活及工作能力，特別是希望能培養未來年輕人具備企業界需要的就業能力，此可視爲澳洲關鍵能力教育改革發展的濫觴，[15]之後則命名「核心能力」爲取向的教育（key competency based education，簡稱KC教育）。澳洲政府爲維持國家優勢的競爭力，於1999年在南澳首府阿德雷得市，由各級教育首長共同簽署「阿德雷得宣言：二十一世紀學校教育的國家目標」（The Adelaide Declaration on National Goals for Schooling in the Twenty-first Century），此宣言遂成爲近年澳洲教改政策及計畫的藍本。該宣言明確將讀、寫閱讀與解決問題的能力，列爲學生離開學校前必需培養的能力之一，且特別重視學生在閱讀等基礎能力上的表現，要求全國各學校皆必須根據國家所制定的基本能力標準，對其當地學生進行評估及報告，以證明當地學生透過學校教育課程，確實能通過國家最低的能力要求；更規定學校必須依據「學校支援法」（School Assistance legislation），向家長和社會大眾公布辦學績效報告。[16]

　　綜上所述，無論是美國、英國與澳洲，這三個國家在21紀前後所進行的教育改革，都不約而同地重視「能力」的教育，尤其是針對閱讀能力的培養。

三、從「能力」到「素養」的臺灣教改方向

　　臺灣政府爲迎接二十一世紀的來臨，並希望能整體提升國民素質及國家競爭力，遂於2001年跟進世界先進國家的教改脈動，以九年一貫課程規劃與實施爲目標，致力教育改革，並以基本能力取代學科知識，作爲主要改革方向。其所揭

橥的十大基本能力，分別是：了解自我與發展潛能、欣賞表現與創新、生涯規劃與終身學習、表達、溝通與分享、尊重關懷與團隊合作、文化學習與國際理解、規劃組織與實踐、運用科技與資訊、主動探究與研究、獨立思考與解決問題。九年一貫所提出的基本能力觀念，引發更多學者關心若臺灣教育繼續延伸到十二年國教，18歲青少年所應具備的能力，應為生活、學習、社會、適應四種能力，而其中閱讀是學習能力中的要項之一。[17]

就在十二年國教的議題逐漸浮出檯面，亦有學者提出應以素養來取代能力，認為素養不僅具備知識與能力，更包含態度與情義的內涵與價值判斷。甚至還認為國際閱讀評比PIRLS所揭櫫的閱讀知能（Reading Literacy）標準：（一）能夠理解並運用書寫語言的能力。（二）能夠從各式各樣的文章中建構出意義。（三）能從閱讀中學習。（四）參與學校及生活中閱讀社群的活動。（五）能夠由閱讀獲得樂趣。[18]這五項標準，已揭示由關注知能（Literacy）領域，發展至重視素養（Competence）的趨勢。[19]所以在教育部所公布的《十二年基本教育實施計畫》中，就明列〈適性輔導國民素養〉一項，其中對於素養有更清楚的定義：「素養的定義內容需與生活面向有關，其中可能包括辨識、理解、解釋、創新、溝通、計算、使用不同內容與形式的印刷或書寫文件的能力，更重要的是，素養的定義需具備透過不斷學習，期使個人繼續發展知識與能力，以達成個人目標並參與公民社會。」[20]其中，特別強調辨識、理解、解釋印刷或書寫文件閱讀能力的重要性，且認為閱讀素養之所以重要，是因為它可以提升個人自學能力，方便日後適應和參與公民社會。

四、國際閱讀評鑑成績的刺激

2012年在筆者任職的北市建國高中，預計將在2013年自行舉辦特色招生，而本校的上級單位北市教育局則希望將閱讀素養列入特色招生的考試範圍。我因有幸參與相關研習，得以能更深入了解閱讀素養的內涵究竟所指為何。我發

現臺灣近年來教育界會特別關注閱讀能力的研究與培養，部分原因是臺灣學生在兩項國際閱讀評鑑的測試後成績不佳，引發教育界與學術界的危機感，紛紛為文呼籲政府、社會各界應關注此國力日益衰弱的現象。其中引起最大危機感是源自「學生評量計畫（The Programme for International Student Assessment，簡稱PISA）」，PISA的評量測驗乃由經濟合作暨發展組織（Organization for Economic Co-operation and Development，簡稱OECD）所委託，於1990年代末期開始對15歲學生的數學、科學及閱讀素養進行持續、定期的國際性比較研究。PISA每隔3年舉行一次，2000年時有43個國家與地區參加，2006年則躍昇為57個國家與地區參與，2013年增加為64個國家與地區參與。

臺灣乃自2006年第一次加入評鑑，全國共有245所學校、8815名15歲學生被選樣接受測驗。受測學生包含：國中、高中、五專、高職（包含實用技能班、建教合作班）、進修補校。主要是在評估接近完成基礎教育的15歲學生，是否能將在校習得的知識與技能，應用於進入社會後所面臨的各種情境及挑戰。所以PISA的試題，常以學生面對日常生活中可能接觸到的各種文書資料，作為測驗內容。臺灣在21世紀初經過的兩次PISA測試，其中2006年在閱讀素養部分，學生排名16，而2009年則是排名23。以2006年為例，臺灣女生成績優於男生，但國際平均卻是僅有男生高於平均。由於2006年參與PISA測試57個國家與地區其國內生產毛額（GDP）總和占全球84%，到2013年參與PISA測試的64個國家，其國內生產毛額（GDP）總和占全球90%，表示PISA的成績表現，可謂是國家競爭力的展現，所以臺灣在PISA閱讀素養的表現，引起教育界甚大的關心。

另一是由國際教育成就評鑑協會（International Association for the Evaluation of Educational Achievement，IEA）主導的「促進國際閱讀素養研究（Progress in International Reading Literacy Study，簡稱PIRLS）」，PIRLS針對國小四年級學生的閱讀能力，每五年一次進行國際性評量，希望藉由國際性的評鑑與比較結果，作為各國改善閱讀教學及促進閱讀能力的參考。2006年共有45個國家與地區參與PIRLS評鑑，其中以歐洲地區參與的國家數為最多，其次為亞洲地區。美洲則有美國、千里達和加拿大五個省份共同參與。2006年學生閱讀成績整體平均

535分，表現在國際平均值500以上，在參與的45個國家／地區中，臺灣排名22。

PIRLS將閱讀分數分為五個等級：625分以上、551-625分（550分以上）、476-550分（475分以上）、401-475分（400分以上）和400分以下。400分以下表示未進入最低要求。依據2006年臺灣學生的閱讀成績，多集中在平均分數附近，臺灣學生閱讀成績達最高指標人數比例只有7%，達高分指標學生的比例明顯較少，僅與國際平均相當。依序則有36%者達高指標，41%位於中指標，有13%的學生是最低指標，有3%未進入最低標準，然香港則未達最低標準者僅有1%。且女生的表現，不論是總成績或與國際平均相比，均優於男生。臺灣學生在較低層次的直接理解歷程的表現較佳，通過比例有73%，而較高層次的解釋理解歷程通過率只有49%，遠低於香港與新加坡。另外因為香港教師接受較多閱讀教學或理論方面的專業培訓，相較而言臺灣教師較少有多樣的閱讀活動，在閱讀策略教學上使用頻率亦較少，因而較無法在閱讀教學中提昇閱讀理解的教學成效。尤其臺灣學生幾乎每天在課外都有「為興趣而閱讀者」的學生比例大約有24%，排名為最後第45名（國際平均比例是40%），[21]上述臺灣學童與家庭，有待加強的閱讀習慣，頗令教育當局與學術機構憂心。而國際評鑑的成績表現，正也符合筆者一開始所發現的，臺灣學術界與出版業相當關心閱讀，然社會卻對閱讀缺乏興趣的反差現象。

提升閱讀素養，本就是種需要長時間且不易馬上看到成果的教育計畫，教育部從2001年開始，針對臺灣學生閱讀素養有待加強的現象，即推動為期3年的「兒童閱讀計畫」，充實學校圖書資源，推廣閱讀活動；教育部更在2004年起針對弱勢地區之學校實施「焦點300——國民小學兒童閱讀推動計畫」，希望透過強化偏遠地區的圖書及人力資源，以平衡城鄉差距，並培養兒童的閱讀習慣；而自2006年開始更全面推行為期4年的「悅讀101——教育部國民中小學閱讀提升計畫」，從過去針對弱勢地區的輔助，擴大為全面性的閱讀政策推動，希望能促進國人重視閱讀，深耕閱讀的習慣。同時，臺灣在2010年召開之第八次全國教育會議中，已將「閱讀素養」之強化納入「終身學習與學習社會」議題，鼓勵擴展閱讀之相關策略，俾培養終身學習能力，進而建立學習型社會。[22]在上述種種教育

政策的推動，加上許多關心臺灣閱讀素養提升的學者與出版界的呼籲與投入，臺灣在2011年的PIRLS測驗，成績的確有所進步：（一）臺灣四年級學生的閱讀表現在國際排名，已進步至名列第9。（二）相較於PIRLS 2006的表現，臺灣學生無論在兩類文體閱讀以及兩種閱讀歷程上，成績均顯著進步。（三）女學生閱讀表現依然優於男學生。（四）學校位處地區和學生成績有關，位於超過500,000人的大城市學生閱讀成績最好，若與臺灣的平均分數553分相比，學校位於小村鎮的學生閱讀成績未達平均分數。（五）學生閱讀興趣越高、閱讀行為越多的學生，成績越好，課堂上的獨立閱讀行為越多的成績越好。（六）四年級學生對於閱讀具有高度動機以及學習自信心的人數比例，均顯著低於國際平均。（七）學校藏書量超過10,000本學校，學生的閱讀成績顯著的高於藏書量不到10,000本的學校。（八）閱讀教學時數占國語科教學的比例有增加，但仍低於國際平均。特別是跨學科的閱讀教學時數與國際平均差異懸殊。[23]此亮麗成績，可謂是對長年默默推動提升臺灣閱讀素養的教師、學者與官員們的最好鼓勵。

第五節　十二年國教「有效教學」理論的學習

　　在我接觸「閱讀」相關理論的同時，也因參與歷史學科中心的工作，而報名參加十二年國教中的「有效教學」研習。會報名參加「有效教學」研習，主要是因為無論使用何種教學策略，「有效」與否？應該是最重要評判教學是否成功的關鍵所在。有意思的是，「有效教學」似乎批判傳統講述法的教學方式，研習中負責講解的教授甚至主張讓學生自行閱讀，所產生的學習效果，很可能是教師講述、學生聽講的兩倍；且最有效的教學方式，應該是讓學生在課堂上直接測驗、練習，甚至透過學生彼此討論、分享所學習的相關內容。[24]上述揚棄傳統講述法教學的觀點，恰可以提供作為我「互動式教學法」的理論依據。

　　研習完畢後，我再去蒐集、閱讀「有效教學」的相關學術文章，發現「有效教學」的理論發展，實與認知心理學的興起有著密切關聯性。認知心理學者認為在課堂上所學習的知識，可區分為語意知識、程序性知識與策略性知識，其中程序性知識即為展現知識如何產出與建構的過程，策略性知識則是如何認知、理解甚至解決此類知識特色與問題的技巧。[25]上述三種知識的區分，若放到歷史學科上，語意知識指歷史事件相關的人、事、時、地、物的歷史事實記載；程序性知識即是指歷史知識如何展現與建構而成的過程；策略性知識則是要能理解分辨歷史學的主要關懷，也就本學科的重要概念所在。故若問：如何才能實現「歷史」學科的「有效教學」？我發現，我還是要回到一開始的問題：「歷史是什麼？」，從我上述博士論文寫作中閱讀史料的震撼經驗，我可以確信：學習「歷史」絕對不是僅透過教師講授與摘要教科書重點，也不是光靠背誦與聽講就可學好，因為「歷史」是後人透過文本資料所建構出的過去，且歷史的書寫者常會懷抱著歷史學特有的問題角度，善巧運用著展現歷史知識的敘述策略，讓讀者透過閱讀更能理解那段「未曾經歷」的過去。所以，要讓學生更理解歷史，除了介紹歷史的語意知識外，根據認知心理學的角度，教師更應透過提供相關素材，以讓學生認識這些歷史學的程序性知識與策略性知識。因為理解這些知識，是讓學生

深入理解歷史的有效教學方法。

　　而有關歷史學的程序性知識與策略性知識，常需要透過閱讀分析史料與後代史學家的作品，才能讓學生深刻的理解歷史之所以產出與建構的過程。所以，「閱讀」歷史相關文本資料，且提出「歷史」本學科所特有的關心問題，應該是一個「有效」歷史教學的方向。

第二章
理解「閱讀」理論與「閱讀」能力指標

　　在上一章中，筆者從一個高中歷史教師如何理解歷史與學習教授歷史的歷程，來談到「閱讀」如何與歷史教學產生關聯。另外也從國、內外教育改革浪潮與課程發展的角度，再加上國際閱讀評鑑成績公布，引發的危機效應，來分析為何近年來臺灣學術界與出版業會如此地重視推廣閱讀，讓閱讀成為一門顯學。但從分析中，也可很清楚地看到臺灣社會無論是家長或教育現場，對於上述的「閱讀熱」似乎不甚投入。筆者以為這個現象很可能是大家對何謂「閱讀」仍不甚清楚，尤其學術研究與社會大眾，甚至教師端，彼此的認知都很可能有些落差。在此落差下，對於如何將閱讀落實在家庭生活與教學活動中，自然就會出現方法、技巧與態度的不同。在筆者學習「閱讀」理論的過程中，深刻發現閱讀並非僅是簡單地指「看書」而已，其背後實有深厚的學術理論。若家長與基層教師因為不了解學術界所謂的「閱讀」為何物，將會無法有效地將閱讀技巧落實於學生身上，自然無法去覺察實施閱讀後學生的成長，甚至適時調整自己的教學策略與方法。所以，正確且深刻地理解「閱讀」理論，是本章所要闡述的重點。

第一節　認識「閱讀」與有效的「閱讀」學習

關於閱讀的最簡單定義，可見：「閱讀也就是讀書面語言，書面語言指的是印刷體上所呈現的各種符號。」[1]乍看起來，上述定義跟我們一般以為：「閱讀就是讀書」，似乎並無不同。但筆者想藉此澄清幾個觀念：

一、閱讀能力不是天生的，是需要教的[2]

此觀點是美國兒童衛生與人類發展研究院的兒童發展小組主持人在經過35年的實證研究，期間先後出版50本專書、2500篇專業研究，所提出的成果之一。

二、閱讀越早越好

學齡前的兒童，透過有策略地教授閱讀，將會有效地增強其閱讀能力，[3]甚至幼兒翻書、對著書喃喃自語所產生的諸多行為，都可廣義地屬於閱讀。

三、閱讀是種費力的學習過程

它可略分為三個部分：（一）能力（字型辨認、字義抽取、語句整合、文章理解）、（二）知識（組字知識、字彙知識、語法、一般知識、學科知識、文體知識）、（三）後設認知。[4]

四、在閱讀過程中，讀者不知不覺地在運用自身知識與能力以進行理解

若讀者能覺察自我閱讀歷程，並透過有效的策略運用，也就是運用後設認知（Metacognitive）的概念，將大幅提升閱讀能力。[5]

五、閱讀是從零歲到老死的認知發展過程

它是一種配合讀者身心發展所產生解決問題的形式與心智成熟歷程，讀者在調適與同化的歷程中，發展與精進自身的閱讀能力，來適應環境的要求。哈佛大學教授夏爾（Jeanec Chall）曾以皮亞傑的認知理論為基礎，提出閱讀發展六階段理論。[6]

夏爾　　閱讀發展六階段表

階段與分期	年齡	行為描述
0.前閱讀期	出生到6歲	1.約略知道書寫的樣貌 2.認得常見標誌、符號、包裝名稱、故事書中出現的字 3.會把書拿正，邊唸邊用手指字 4.看圖說故事或補充故事內容 5.會一頁一頁翻書
1.識字期	6到7歲	1.學習字母和字音之間的對應關係 2.閱讀時半記半猜 3.常見的認字錯誤：從字形相似但字義不合上下文，到字形、字義都接近原來的字
2.流暢期	7到8歲	1.更確認所讀的故事 2.閱讀的流暢性增加 3.是閱讀困難是否有改善的重要契機 4.為建立閱讀的流暢性，大量閱讀許多熟知的故事很必要

3.閱讀新知期	9到14歲	1.以閱讀方式來吸收新知 2.先備知識和字彙有限，閱讀的內容屬於論述清楚、觀點單一 3.初期是由聽覺管道進來的訊息學得較閱讀快，後期閱讀方式吸收將逐漸超越用聽講得來的資訊 4.字彙和先備知識增長的重要時刻 5.學習如何有效閱讀訊息
4.多元觀點期	14到18歲	1.閱讀的內容長度和複雜度增加 2.閱讀的內容觀點多樣化
5.建構和重建期	18歲以後	1.選擇性閱讀 2.不是被動接受作者的觀點，會藉由分析、綜合、判斷，形成看法 3.並非每個年滿18歲者，都發展到此階段

六、要能更深入理解閱讀，教師須對閱讀理論發展有所認識

　　透過上述的說明，讀者應可清楚地意會到：閱讀不只是閱讀，而是學習如何閱讀的能力與策略。這種討論如何閱讀的理論發展，實經歷漫長的歷程。早在1930年代，大部分學者仍認為孩子須待上小學以後，其心智成熟度才得以學習閱讀，也就是方才符合閱讀準備的基礎。這個看法到30多年後，方被挑戰，1966年已有學者發現那些在學齡前已有豐富讀寫經驗的小孩，較一般小孩在上學後，閱讀的表現更為優異；所以讓孩子提早閱讀逐漸為學界所認同。然此時討論閱讀仍不脫傳統讀寫模式與學習階段，1980年代陸續有學者從後設認知的角度，來討論教授「如何閱讀」的重要性，於是「閱讀教學」從關注學童日常隨意的讀寫行為，轉而教授有學理基礎的正規讀寫行為，學術界也將此革命性的轉變過程稱作「讀寫萌芽」，此後研究「應如何學習閱讀」的理論紛紛出現並蔚為學術主流方向。這也是當前強調閱讀不僅是讀書，而是學習如何閱讀方法與策略之理論的形成背景。[7]

七、認知心理學的新發展，深化有效「閱讀」學習理論的發展

　　近50年以來，美國可謂是全世界閱讀研究的重鎮，尤其在認知心理學出現革命後，閱讀從重視單線型的「閱讀理解」，逐漸轉換爲強調多元角度與自我覺察的「閱讀素養」，教學策略與方法遂也出現大幅改變。尤其在1970年代中期，美國許多學生家長憂心子女閱讀能力的日益低落，紛紛向學校與教育部門提出抗議，在廣大民意的壓力下，美國聯邦教育局遂成立「閱讀權力研究室」，許多學者也投入相關研究，於是出現許多討論閱讀的新觀點。[8]上述提到的認知心理學新發展，實爲此研究潮流下產物，也是研究人類學習心靈的革命性突破。

　　早在19世紀後期，學術界已開始有系統研究人類如何學習，當時主要是仰賴著重哲學與神學的研究，研究方式的主要特色是透過詢問受試者，透過受試者的回答，來分析其內省意識。直到20世紀初出現新的改變，轉爲著重觀察被研究者的外顯行爲，認爲透過正向與負向的刺激，將可控制人類的行爲發展，故提出透過獎賞與懲罰，可以刺激學習動機的增長或減緩，此觀點帶動行爲主義學派的流行。[9]

　　1950年代後期，許多新學科的興起，如語言學、發展心理學、電腦資訊科學、結構主義人類學等，開始刺激學者從多重角度來了解學習。學者也不再僅是從猜想來想像人類學習，而是透過更嚴謹的實驗，並嘗試提出新方法與理論，來解釋人類學習歷程。甚至有學者提出：認識學習不可僅停留在學習者與學習事物上，應更進一步思考社會與文化情境的影響。上述的研究風氣轉變，有助於認知心理學的出現。[10]20世紀中後期發展的認知心理學不僅重視事實知識對思考與解決問題的重要性，認爲所謂有用的知識，應該是由幾個重要概念相互連結而組成，但重點不是背誦這些概念，而是應學習如何應用，此即學習遷移。由此，開始重視理解在學習的地位，更勝過傳統強調記憶的重要性。且認知心理學更關注認知的歷程，這種對於理解的重視，把人類當成目標導向的主動學習者，而非被動刺激與反應下的接受者。又認爲人類在接受學習教育前，已有廣泛的先備知

識、概念與學習技巧,且不是所有的刺激,學習者都會有所反映,因為每個人各有不同組織與解釋訊息的方式。尤其強調學習者是根據自己相信與認識的事物,來擴充並建構他的知識世界。[11]此種強調理解與認知的學習觀點,認為知識本身有其結構,教學應呈現知識的主要概念與延伸概念,並展現出知識的不同層次。且建議教學者要適時地搭建鷹架,來銜接學生先備知識與新知識的關聯,以順暢學生的學習。

八、閱讀不僅需要眼睛看,還需要嘴巴讀

大腦科學證實閱讀時透過默讀字音,將有助於理解。認知心理學的研究,促進閱讀學習理論的革命性發展,而大腦科學研究,不僅證實認知心理學的若干理論,更確立閱讀時透過朗誦字音,將強化閱讀學習。學者認為:「閱讀時兩個處理歷程同時存在,彼此互補。當寫字很不規則,很少見,或是新字時,我們會偏向用語言的路去處理他們。我們會先將字母串解,然後把他們轉換成語音,最後從聲音的形態,去得到意義。相反的,當我們看到一個字,它是很常見的高頻字,發音又是例外的,我們會採取直接的路徑,先進入心理詞彙去取得意義後,由字義去取得讀音。」[12]所以,在教授知識,教師應讓學生不僅是眼「閱」,也要口「讀」。

九、有經驗者可透過有效的學習策略,來協助新手進行閱讀學習

學者認為上述的認知心理學理論強調學習是種個人內在知識,透過遷移且逐漸建構形成的歷程,此容易有太過「個人化」的傾向,故提出學習歷程不可忽視來自於社會文化的情境,且強調應重視人際互動和遊戲有助於學習的觀點,故

特別強調透過遊戲來創造一種想像、有趣的學習情境。而學習者因為要遊戲，就會自然地學習規則，且透過模仿出現超齡的學習表現，所以有經驗的教導者，應藉遊戲妥善協助新手的學習。[13]上述運用人際互動和遊戲的教學方法，即是種有效教學的策略展現。若干主張認知學派的學者遂藉此提出鷹架理論（Scaffolding Theory），主張有經驗的學習教導者，應引發新手（學童）參與的興趣，成為主動的學習者，再藉由互動中，指出所欲學習事物的關鍵特徵，或經由示範等有效學習策略，進行學習活動方向管理，一方面減輕學習時的負擔，並解決學習困難，正確且即時地覺察學習過程。[14]

　　透過上述的分析，教師、家長等有經驗者，在協助學生、孩童等新手閱讀時，需能反省覺察學習發展的狀態。所以教師應了解學生在一開始學習的知識與想法，並利用它作為起點，且在學習中掌握學生學習狀態的轉變。而所謂的有效學習，就是在既有的知識建構上，挑戰或再搭架新的知識。同樣地，教師也應在學生學習過程中，讓他自己也能了解自己是否已理解某些概念？可以透過哪些方法與證據，讓自己更深入地理解相關主題？並且透過反思的評量方式，覺察自己的學習狀態。[15]待學習者已能獨立自動的閱讀，此即是教導者功成身退之時。

第二節　從PISA評鑑指標來理解「閱讀」

「閱讀」具有豐富的意涵，以認知心理學的角度，它不僅是讀書而已，透過實施「後設認知」的策略，更可幫助學習者有效地學習；另一方面，若從學習者的立場來理解「閱讀」，當學習者能正確和流暢地閱讀文字，一般而言，此已顯示學習者可以建構出三個層面的意義。首先，第一個層面是了解到字面的意義，第二個層面是統整地理解文本的主要內涵，第三個層次是有意義的建構遠遠超越字面意義的理解，並反省作者書寫的目的與寫作的相關時空環境。有經驗的教導者要讓學習者進入到第二與第三層意義的閱讀，必須透過適切的問題，來引導學習者思考「為何要閱讀這篇文章？」、「作者的觀點是什麼？」、「是否了解作者的言論及其背後因素？」等問題，透過具有閱讀意義的問題檢測，將能帶領讀者透過反思，進行有目的的主動學習。所以，也因為「閱讀」是有多種層次的有意義地理解學習，透過具有不同層次意義的閱讀測驗，將可清楚明瞭學習者的學習狀態，還可以檢測出一個班級、一個學校，甚至一個國家的閱讀水準，此即是國際閱讀能力評鑑指標出現的重要意義。

有關國際閱讀能力的評鑑，著名的有：美國「全國教育進展評量測驗」（National Assessment of Educational Progress，簡稱NAEP），這是由美國國會授權教育部國家教育統計中心所做的評量方案，這個評量方案在了解美國學生從事地理、閱讀、寫作、數學、科學、美國歷史、藝術、公民和其他學科時需具備的能力。此評量方案分三階段進行，針對4年級、8年級和12年級學生，測量其教育成就趨勢，評量的科目包括閱讀、數學、科學和寫作等四個學科領域，評量結果用以了解、評鑑學生能力及達成美國教育目標之進展情形。另外同樣針對4年級（10歲）的閱讀評量是「國際閱讀能力進展研究」（The Progress in International Reading Literacy Study，簡稱PIRLS），在國際教育成就評量協會支持下（International Association for the Evaluation of Educational Achievement，簡稱IEA），透過閱讀測驗來關注兒童的學業成就。由於本書主要是探討高中生的閱

讀素養與歷史教學的關聯性，所以以下介紹的主要是以15歲學生為閱讀測驗主體的PISA。

　　PISA即是國際學生評量計畫（The Programme for International Student Assessment，簡稱PISA），它是由經濟合作暨發展組織（Organization for Economic Co-operation and Development，簡稱OECD）所委託，於1990年代末期開始對15歲學生的數學、科學及閱讀進行持續、定期的國際性比較研究。PISA將閱讀素養定義為「意指對於書寫文本的理解、運用和反思，藉以達到個人的目的，發展個人知識和潛力，並能參與社會。」[16]可見PISA的評量目的，旨在評估接近完成基礎教育的十五歲學生，是否能將在校習得的知識與技能應用於進入社會後所面臨的各種情境及挑戰。所以PISA的閱讀素養測試，其命題題材多與生活密切相關，可分為連貫性的文本：記敘、說明、描寫、議論、指南、文件／記錄等，與不連貫的文本：圖表、表格、地圖、廣告、契約等兩類。

　　PISA閱讀素養的測試方式是希望透過檢測受測者的閱讀歷程，來分辨出受測者的閱讀素養程度。PISA閱讀素養的測試問題，其主要測試內涵出自文本的具體資訊、文本中字句相互間或整體的意涵，還有藉由受測者所應具備的閱讀素養，來理解文本內容的閱讀素養，所以呈現出三種不同層次，其分別了解學生在「來自文本的訊息」、「取自外在的知識」中的不同表現。而「來自文本的訊息」部分，又可以細分為「擷取與檢索」、「統整與解釋」；「取自外在的知識」則是著重「省思與評鑑」。[17]讀者可參見下圖：

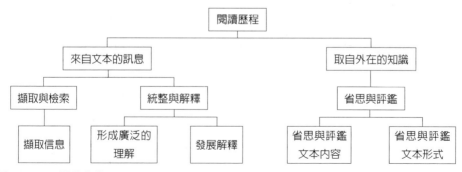

圖2-1　PISA閱讀素養

　　「擷取與檢索」是指閱讀文本資料，再依據問題要求或指明的特點找出文中清楚寫出的訊息。所測試的問題，常是文本資料具體的部分訊息，只要能細讀文本者都可容易找到答案。「統整與解釋」不同於「擷取與檢索」，他希望測試學生是否能掌握文本廣泛且普遍的內容，包括比較和對照文章訊息、連結訊息間的關係、推論作者意圖、做出結論、指出與列舉支持性證據。故常會問建立文本的標題或命題，或解釋簡易說明的順序等較整體的問題。「省思與評鑑」不僅是測試學生是否能正確理解文本訊息，更要將所閱讀的內容與自己原有的知識、想法和經驗相連結，針對文本內容與文本形式來提出自己的看法。[18]

　　上述PISA閱讀素養所標舉的「擷取與檢索」、「統整與解釋」與「省思與評鑑」三層次，不僅是由淺入深，更是由表層、具體的層面，再進而深入理解文本內在、隱藏內涵的閱讀能力指標，此閱讀素養指標恰與筆者上一章的有效教學理論相符，表層資訊即是指語意知識，而深層隱藏的文本內涵，則是程序性知識與策略性知識。

　　為讓讀者能更清楚PISA的閱讀素養內涵，筆者以下分別介紹2006年與2009年的PISA中文版本的部分試題，由於PISA試題題目往往不只問一個問題，為了節省篇幅以方便闡述，筆者僅介紹部分內容並分析其測試內涵。首先請見：2006年的PISA樣本試題

Q1流行感冒

　　雅高公司自願施打流感預防疫苗計畫，不用懷疑大家都知道，冬季時流感會迅速並大範圍傳染，一旦生病，會病好幾星期。對抗病毒的最佳方法是保持身體健康。每天做運動、吃大量的蔬菜和水果更被強烈推薦，有助於身體免疫系統對抗入侵的病毒。雅高公司決定提供員工提供施打流感疫苗的機會，做為防止潛藏病毒在同事間傳染的額外方式。雅高已安排一名護士負責在公司施打疫苗，施打時間訂於5月17日那週的半個工作天。這個計畫是免費的，所有員工均可參加。參與者純屬自願性質。願意接受施打的員工需要填寫自願同意書，表示本身並無任合過敏症狀，並知道施打

後可能會產生輕微的副作用。醫學建議指出，施打疫苗不會感染流感，但卻可能產生其他副作用，如疲乏無力、輕微發熱和臂膀酸痛等。

誰應該施打疫苗？

任何對預防病毒有興趣的人。這項施打計畫特別推薦給六十五歲以上的人。但無論年紀大小，任何人患有慢性衰弱疾病，特別是心臟病、肺部疾病、支氣管病或糖尿病患者。身處在辦公室裡，所有員工都有機會染上流行感冒。

誰不應該施打疫苗？

對蛋過敏者、患有急性熱病者及孕婦。如果你正服用藥物，或以前曾對流感疫苗注射有反應，應先詢問你的醫生。

如果你想在5月17日那週施打疫苗，請於5月7日（星期五）前，通知人事部麥思妮。施打的日期與時間會根據護士的可行性、參與人數和大部分員工較方便的時間而定。若你有意施打今年冬天的流感疫苗，但卻不能按所定的時間參加，也請通知麥思妮。若有足夠的人數，可能會安排另一個時段。查詢進一步詳情，請撥分機5577聯絡麥思妮。麥思妮是雅高公司的人事部職員，她爲雅高公司員工準備了前面兩頁的訊息通知。請參考訊息通知並回答以下問題。

問題1：

下列何者描述雅高公司施打流感疫苗計劃的特色？

(A)整個冬季每天會舉辦運動課程。

(B)在辦公時間內進行施打疫苗。

(C)參與者會得到少許獎金。

(D)會由一位醫生施打疫苗。

本題答案爲B，因爲答案從閱讀題幹中就可知道：施打疫苗是在工作天，所以若就閱讀歷程來分類，則屬於第一層次的擷取與檢索。

問題2：

這篇訊息通知建議，如果你要預防流感病毒入侵，流感注射是：

(A)比每日運動和健康飲食更有效，但較危險。

(B)一個好方法，但並不能代替運動和健康飲食。

(C)與運動和健康飲食同樣有效，而且比較不麻煩。

(D)如果你有足夠的運動和健康飲食，便不值得考慮。

說明：本題答案為B，從閱讀題幹中「對抗病毒的最佳方法是保持身體健康。每天做運動、吃大量的蔬菜和水果更被強烈推薦，有助於身體免疫系統對抗入侵的病毒。」可知，資料已間接告訴讀者：施打疫苗是預防流感的一個好方法，但並不能代替運動和健康飲食。因為答案雖未直接呈現在題幹資料中，但從閱讀資料語句間的意涵，仍可得到有利解答的訊息，故本題若就閱讀歷程來分類，則屬於第二層次的統整與解釋

問題3：

根據訊息通知，以下哪位員工需要與麥思妮聯絡？

(A)在店裡工作的小健。他寧願相信自己的免疫能力，而不想施打疫苗。

(B)銷售部門的麗麗。她想知道施打疫苗是否屬強制性質。

(C)收發室的小思。她想參加今年冬季的疫苗施打，但她再兩個月便要生孩子了。

(D)會計部門的小高。他想施打疫苗，但5月17日那週他休假。

說明：本題答案為D，題幹資料中並未出現選項提到的：小健、麗麗、小思、小高，且這四人個別狀態也未見於題幹中討論，故要判斷此題須閱讀題幹中的資訊與選項提供的資訊，兩者結合方可判斷出答案。故本題若就閱讀歷程來分類，則屬於第三層次的省思與評鑑。

Q2貧乏的品味

來自阿諾‧亞哥

　　你知道我們1996年花在巧克力的費用，相當於我們政府花費在海外救助協助窮人的經費嗎？我們的優先次序是不是有問題？

　　你對此打算做什麼呢？是的，就是你！

問題：阿諾‧亞哥信裡的目的在於引起：

(A)內疚　(B)趣味　(C)恐懼　(D)滿足

　　說明：本題答案為A，題目從一封來自作者阿諾‧亞哥的信裡，要讀者判斷出作者寫信的目的何在，此試題已不僅是閱讀資料中的文句意涵了，更深一層地去問讀者，是否能讀出作者在字裡行間所要傳達的隱藏性目的。故本題若就閱讀歷程來分類，則屬於第二層次的統整與解釋。

　　緊接著再介紹2009年的部分試題：

Q3遠距辦公

未來的方式

　　想像一下，「遠距辦公」是件多麼美好的事，在電信的高速公路上班，你所有的工作都是在電腦上或是藉著電話完成！你不再需要讓你的身軀擠塞在擁擠的公車或火車上，也不必浪費好幾個小時在上班的往返路途上。你可以在任何你想工作的地方工作─想想，所有的工作機會也將因此而開啟！怡君

即將形成的災難

　　縮短通勤的時數和減少通勤的體力耗損，很明顯的是一個好主意。但是，這樣的目標應該藉由改善大眾運輸，或確保工作地點是在居家附近來達成。遠距辦公會是每個人未來部分生活方式的假想，只會導致人們變得愈來愈專注於自身。難道我們還要更進一步惡化我們的社會歸屬感嗎？志

明「遠距辦公」是傑克‧尼爾斯在1970年代初期所創造出來的專有名詞，用來描述勞工在遠離中央辦公室的電腦上工作（例如在家裡），並藉著電話線將資料和文件傳送到中央辦公室的情形。

問題：「未來的方式」和「即將形成的災難」之間有什麼關係？

(A)它們使用不同的論點達到相同的一般結論。

(B)它們以相同的文體書寫，但針對的是完全不同的議題。

(C)它們表達相同的一般看法，但是形成不同的結論。

(D)它們表達在相同的議題上的對立看法。

說明：本題答案為D，他是希望讀者在閱讀完兩段針對「遠距辦公」一事，提出不同看法的資料，希望讀者能否看出兩者的關係。由於解答訊息仍還在題幹中，雖未明顯呈現在題幹資料上，故本題若就閱讀歷程來分類，則屬於第二層次的統整與解釋。

Q4守財奴和他的金子

伊索寓言

　　有一個守財奴賣掉他所有的東西，買了一塊金子。他把金子埋在一座老牆旁邊的地洞裡，每天都要去看一下。守財奴的一個工人發現他常到那個地方去，決定監視他的行動。工人很快就發現藏寶的秘密，於是挖了金子並將它偷走。守財奴再來的時候，發現洞裡空空如也，於是撕扯著自己的頭髮嚎啕大哭。一個鄰居看到守財奴如此悲痛，知道原因後說：「別再難過了！去搬塊石頭，把它放在原來的洞，然後想像那金子仍在裡面，這樣做對你來說效果是差不多的。因為金子在的時候，其實你沒擁有它，因為你並沒讓它發揮一點作用。」

問題　讀下面的句子，並根據文中事件發生的先後順序加以編號。

守財奴決定用他所有的錢買一塊金子。------------------------------□

有人偷了守財奴的金子---□

守財奴挖了個洞，把他的寶藏埋了進去。------------------------------□

守財奴的鄰居告訴他用石頭代替金子。------------------------------□

說明：本題答案依序是1324，本試題是希望讀者在讀完上述資料後，能否簡要地
　　　再與以陳述，由於解答仍須依照題幹資料所給的訊息，但問題提供的四段
　　　話，其出現順序與題幹資料不同，敘述內容也有所改寫，故本題若就閱讀
　　　歷程來分類，則屬於第二層次的統整與解釋。

　　透過上述的分析，讀者應可更了解PISA閱讀素養，只要透過明確且符合閱
讀歷程與理論的明確指標，將是種可分出不同程度的檢測方式。另外，筆者更發
現PISA閱讀素養的命題策略，亦可加以運用作為高中歷史試題的命題原則，以
下筆者遂模仿上述四則PISA試題，也分別各出四題歷史試題：

　　一、請仔細閱讀上述資料，並回答下列問題：

　　一九三六年九月預備役海軍上將小林躋造被啓用爲臺灣總督，此是
「後期武官總督時代」的開始。小林總督在上任不久將以臺灣人「皇民
化」，臺灣產業「工業化」，將臺灣建造成進入東南亞的基地之「南進基
地化」，做爲統治臺灣的基本政策。皇民化無它，只是把文官總督時代的
同化政策更爲加強而已，以「謀使徹底具有皇國精神，振興普通教育，匡
勵語言風俗以培養忠良帝國臣民的素質」爲目的。希望將臺灣人變成爲
「天皇陛下的赤子」的皇民化運動，在蘆溝橋事變後日本內閣發表「國民
精神總動員計畫實施要綱」時，更爲加強。推行廢止報紙漢文欄，促進使
用日本語，撤廢寺或廟的偶像，強制參拜神社，禁止依臺灣習慣之儀式
等，這些可以說是破壞傳統文化，針對臺灣人的精神改造。之後到一九四
○年二月十一日之「皇紀二六○○年紀念日」，總督府也開始推動「改姓
名運動」。臺灣人如果想要更改日本姓名，必須向官方提出申請，而許可
的條件有二：必須是國語常用家庭與努力涵養國民素質，且富公共精神
者。**19**

1.下列選項何者描述小林躋造實施皇民化運動的特色？

(A)把臺灣建造成南進計劃的跳板

(B)把日本人姓名改成如同臺灣人

(C)讓臺灣人習俗與文化都同日本

(D)廢止臺灣神廟以方便興建工廠

2.根據上述資料，皇民化運動中的「改姓名運動」應開始於何時？

(A)1936年　(B)1937年　(C)1939年　(D)1940年

3.根據上述資料，下列何者可以參與「改姓名運動」？

(A)從日本來臺研究的人類學者鳥居龍藏，因為他想融入臺灣社會

(B)身為賽德克族族長的莫那魯道，因他十三歲就已出草獵殺人頭

(C)全家日常生活多以日語溝通的陳清波，他是臺北州會議員代表

(D)一生標榜不著和服的林獻堂，他是霧峰林家的後代且望重士林

說明：本試題乃模仿上述2006年PISA的「流行感冒」一題，答案分別是BDC，
　　　第一題解答資訊為直接出現在題幹資料上，須通盤閱讀資料後，將可清楚
　　　判斷，故就閱讀歷程而言，屬第二層次的統整與解釋。第二題的解題資
　　　訊，已明確出現在題幹資料上，故就閱讀歷程而言，屬第一層次的擷取與
　　　檢索。第三個問題選項所提到的鳥居龍藏、莫那魯道、陳清波、林獻堂，
　　　無論是其名字與相關事蹟，都未曾直接出現在題幹資料上，讀者須依據對
　　　題幹資料的理解，再結合選項所提供訊息，方可找出正確答案，故就閱讀
　　　歷程而言，屬第三層次的省思與評鑑。

　　　二、在1943年臺灣總督府發行的國小三年級教科書《初等科修身一》
中，第十五課中記錄了臺灣軍夫陳養父子的故事。課文部分內容如下：大
家都為了國家勇赴戰場，有的成為軍夫，有的充當翻譯，有些女性則成為

護士。某地有父子二人，都成為軍夫前往戰場，父親（陳養）在戰地病死，臨終前叫來兒子，告訴他：「因為生病而死，實在對不起國家，我死後，你要加倍認真作雙人份工作，盡力報國。」兒子於是遵從父親的話，非常努力工作。留在國內的人們，我們要加油，別讓身處戰地的士兵們有後顧之憂。[20]

1.請問在上述資料中，陳養的死因為何？
　(A)被敵人砲彈所傷
　(B)不報效國家被殺
　(C)留在大後方病死
　(D)在戰場重病身亡

2.根據上述資料，當時軍夫所擔任工作為何？
　(A)主要在戰場負責翻譯工作
　(B)主要負責前線的醫護工作
　(C)主要在戰場從事後勤補給
　(D)主要負責前線自殺式攻擊

3.請問上述教科書的主要編寫用意為何？
　(A)讓大後方民眾感到恐懼，對戰爭的發生深感痛恨
　(B)讓大後方學生感到內疚，宣傳為皇國犧牲的典範
　(C)讓前線的軍夫獲得安慰，努力殺敵勇敢衝鋒陷陣
　(D)讓前線的士兵感到趣味，排解戰場無聊苦悶生活

說明：本題乃模仿2006年PISA試題中的「貧乏的品味」一題，答案分別是：
　　　DCB，第一題判斷答案資訊，可直接從題幹的「父親在戰地病死」一句
　　　中，得到答案，故就閱讀歷程而言，屬第一層次的擷取與檢索。第二題

資訊無法直接從閱讀題幹資料中得知,但卻可從「有的成為軍夫,有的充當翻譯,有些女性則成為護士」、「我死後,你要加倍認真作雙人份工作」,這些資訊中得知:軍夫所負責工作,並非是翻譯、護士與作戰,很可能是在戰場從事後勤補給的工作者,故就閱讀歷程而言,屬第二層次的統整與解釋。第三題主要測驗讀者是否能透過閱讀,知道將上述陳養父子事蹟編入教科書教材的用意,由於解答此題的資訊,無法直接從題幹資料得知,但從題幹中的「留在國內的人們,我們要加油」,由此可知此是給在後方的小學生閱讀,希望小學生透過閱讀上述陳養病死的故事後,能因感動與內疚,在其心中塑立正向的愛國典範,故就閱讀歷程而言,屬第二層次的統整與解釋。

三、

　資料一:自清廷重用義民以平定朱一貴事件之後,第一次閩粵械鬥從而發生,並越趨激烈。是官方態度的改變,導致閩粵械鬥日形熾烈,其間因果至為顯然。

　資料二:漳籍的朱一貴與粵籍的杜君英之所以會反目成仇,互相殘殺,是因為兩人利益分配不均所致,在事件之前,閩粵分類已然存在,並非清廷分化的結果。

(1)資料一與資料二兩者[21],都在談哪一問題?

　(A)臺灣天地會與反清復明運動的關係

　(B)臺灣族群械鬥是否受政府分化影響

　(C)清廷重用義民是否緩合族群的械鬥

　(D)經濟利益分配是否會導致族群械鬥

(2)資料一與資料二兩者之間有何關係?

　(A)兩者以不同事件立論,自然觀點不同

　(B)兩者都針對相同議題,表達不同看法

(C)兩者使用不同論點，但達到相同結論

(D)兩者用同樣的理論，但談不同的事件

說明：本試題模仿2009年PISA試題中的「遠距辦公」一題，答案分別是：B與
　　　B。第一題是問兩段資料的共通性何在，第二題是問兩段資料的論點，彼
　　　此有何關係。要解答此兩問題，都無法直接從題幹資料中擷取或檢索，都
　　　須對兩段資料通盤閱讀後，加以歸納與比較，方可讀出兩者的共通與相異
　　　處。故就閱讀歷程而言，兩題都屬第二層次的統整與解釋。

　　　四、隨著新大陸新航路的發現，十六世紀中葉以後的海權爭奪，開啓
世界歷史的新紀元；1557年，葡萄牙首先占領澳門，作爲擴展遠東貿易的
基地；1571年，西班牙也以呂宋島（今菲律賓）的馬尼拉爲據點，並以美
洲白銀爲後盾發展海上貿易，形成「海上絲路」；荷蘭人於1602年成立東
印度公司，占領爪哇巴達維亞（今印尼雅加達），企圖建立海上霸權。從
此，臺灣周遭成爲南洋到日本的航路要衝，臺灣遂也成爲西太平洋海上絲
路的航運樞紐。[22]

閱讀上述課文，請分析其中語意的因果關係，並依語意邏輯依序排列

殖民國家的爭霸，改變臺灣附近海域的戰略地位 ---------------------- □

殖民國家因新航路發現，角逐東亞海域 -------------------------------- □

遂使臺灣成爲兵家所必爭的重要目標 ---------------------------------- □

陸續有葡萄牙、西班牙、荷蘭等投入競逐 ------------------------------ □

說明：本試題模仿2009年PISA試題中的「守財奴和他的金子」一題，答案分別
　　　是：3142。本試題是希望讀者在讀完上述資料後，能否簡要地再與以陳
　　　述，若直接閱讀排序的四段話，無法找出彼此關係。由於本試題解答仍須
　　　依照題幹資料所給的訊息，但問題提供的四段話，其出現順序與題幹資料
　　　不同，敘述內容也有所改寫，故本題若就閱讀歷程來分類，則屬於第二層

次的統整與解釋。

透過上述模仿PISA閱讀素養測驗的高中歷史試題，讀者應會發現為何PISA試題可以跟歷史考題長的那麼像？這是個偶然的現象呢？還是閱讀素養與歷史學科兩者間是否有其相關聯性呢？在往後的篇章中，將會陸續解答讀者的疑惑。

第三章
在課堂上進行有效的閱讀教學

　　1970年代認知心理學的興起，證實閱讀不再是被動的記取字義，而是主動認識文句，且建構意義的複雜歷程。要分析這複雜的學習過程，首先應理解必要的閱讀成分。所謂閱讀成分，是所需的能力與知識，能力有字的辨識、字義抽取、語句整合、後設認知；知識則為組字知識、字彙知識、世界知識、文體知識等。[1]上述的能力與知識，則展現在閱讀者透過解碼、文字理解、文義推論、理解監控這四個階段。[2]上述四階段如何進展，則為研究閱讀者所關心的議題之一，學者對此提出許多種解釋模式與理論，也根據解釋理論，發展出多種增進閱讀效果的有效策略。且普遍認為透過閱讀模式，來理解閱讀，進而適時發展出適合學生程度的閱讀教學計畫，更是種符合「後設」認知的學習策略。

第一節　認識閱讀模式

　　早在20世紀後期，已有學者告訴我們「閱讀」能力不是種天賦，是一種需要教導且學習的素養，所以學習「閱讀」，即是學習如何有效地「閱讀」。故很多學者分析研究「閱讀」進行的過程，認為至少有五種開展的模式。分別是：由下而上、由上而下，交互影響，還有循環模式與建構整合模式五種。

一、由下而上模式（bottom-up model）

　　認為閱讀是種需要通過複雜識別的歷程，乃從一個個字詞的了解，再到整個段落，進而達到通篇的理解。[3]此種閱讀模式，特別重視從刺激感覺到內在表徵的知覺歷程。[4]即讀者將從文本中接收到的「刺激」——文字、圖像，轉換成有意義的語言訊息過程。強調閱讀由文章的最小結構單位開始，從字詞彙的辨識，進而依字意構成句子之意義，再以句意組合而綜合成段落大意，最後獲得全文之意義，故此模式認為閱讀是一種由部分到整體的知覺歷程。又稱作「資料主導歷程」（data-driven processing）或「文章本位模式」（text-based model）。

字母字彙　——▶　語句　——▶　段落　——▶　文章　——▶　意義

圖3-1　由下而上示意圖[5]

二、由上而下模式（top-down model）

　　認為閱讀理解乃依賴於對於整體的認識，由對全篇整體的預先概念，或由字句的認識中，形成對通篇的假設，進而進行陸續的閱讀。[6]故閱讀是種證實預

測的理解，此模式特別重視利用讀者的先備知識來假設、預測、進而理解，是種將目前輸入的感官訊息，加以組織的認知歷程。[7]此模式亦稱為「讀者本位模式」（reader-based model）或「概念主導歷程」（concept-driven processing）。

圖3-2　由上而下示意圖[8]

三、交互影響模式（Interactive Model）

學者認為閱讀是多種知識來源的同時應用，兼顧字義辨識與文義理解模式，一起理解文章內容。閱讀者不僅會透過「由上而下」模示，主動結合先備知識，形成預測與假設，同時，閱讀者也會採取「由下而上」模式，透過一個個字詞的辨識與整合後，去修正或放棄他們原先的預測。[9]

四、循環模式（recycle Model）

當閱讀者看到文章中一個字，腦中立即會浮現對此字的解釋，此解釋會讓閱讀者對下一個字產生期望，當期望被證實時，即會馬上形成一個命題，透過上述模式，閱讀文章或段落，並隨之將所有形成的命題統整，進而理解文意；如果命題與文章不能配合時，讀者將會回頭再尋找另一個適當的命題。所以閱讀是種循環，而非線性的思考歷程。[10]

五、建構整合模式（construction-integration model）

此模式認為閱讀者是以不斷形成命題的方式，來進行文章分析；此模式包括「建構」和「整合」兩個階段，在「建構」階段，讀者不斷活化新的命題，同時腦中已有的語意、語法，以及與文章有關的概念，不會因為閱讀文章內容而觸發出新的命題；「整合」階段中，讀者會不斷地透過預測將命題加以連貫，進行理解文章整體的意義。[11]

第二節 兩種主要閱讀模式在歷史課堂上的運用

　　上述五種閱讀模式，其實仍是在字詞辨識與文義掌握這兩大方向上，但不同學者對上述兩者的看重差異，或影響先後的說法不同而已。有經驗的閱讀教導者，可以根據閱讀者的知識程度，在適當的教學情境下，透過附加問題來增進不同程度學生的閱讀能力，實施合宜的差異化閱讀策略。例如：如果閱讀者的知識程度不佳，在閱讀相關的資料時，常有生字、專門術語不懂或不善掌握文章重點的問題，閱讀教導者應採取著重字詞辨識的「由下而上」閱讀策略，透過附加問題（adjunct question）讓學生從字詞辨識入手，進而做到文義掌握與結構分析的有效學習。若閱讀者對於相關知識已有所理解，則可採取著重文義掌握的「由上而下」閱讀策略，建議可以在閱讀文章前，先給閱讀者一個文章的概括認識（如文章的章節目次），方便閱讀者之後組織或理解閱讀訊息，[12]再透過提問來引導學生覺察自己的先備知識，再透過KWL策略：由「已知」（Known）的主動學習狀態，來認識「想知」（Want to know），最後獲得「新知」（Learn）。在閱讀時，可以透過默讀讓文義理解更為流暢，也可運用劃重點的策略，尤其針對閱讀者「想知」的部分，透過劃線會讓閱讀的目標更為明確。[13]以下筆者就根據上述教學理念，以高中歷史的教材內容，設計上述兩種偏重「由下而上」與「由上而下」的不同教學設計。

一、側重「由下而上」的閱讀策略：以日治臺灣史為例

　　本教學設定主要的教授學生，閱讀程度與相關歷史知識欠佳，故以教科書為教材，從認識教材中的重要名詞與「部分」觀念出發，作為主要教學策略，再

透過心智圖將若干「部分」觀點，組成有意義的文意結構，並請學生提出此段教材的主旨爲何。活動一從課本內字詞的辨識與文意的理解作爲活動的開始，進而再擴大到通篇語句的了解，待學生字詞認識已有相當程度後，透過未完成句的設計，來檢測學生是否已具整體文義掌握的程度。在學生透過活動一已能掌握教材文意後，再透過活動二來提取文意，教師教導同學以心智圖的方式，來解析歷史教科書中敘述歷史事件的簡單因果概念，讓學生能透過心智圖的描繪，來掌握教科書教材敘述中的因果關係。活動三則換另一段別種版本的教材，也請同學依據此新教材內容，各自獨立再繪製一次呈現因果結構的心智圖，最後再透過兩段不同文章的心智圖比較，測驗同學能否從兩者的異同處，觀察出編寫者對此段歷史的不同看法，以及從兩者不同的解釋中，分析不同教科書編者的各自觀點所在，此即是培養學生分析歷史解釋的能力。

活動1：從詞彙入手

資料一：第一世界大戰後，美國總統威爾遜提倡的民族自決思想傳遍世界。朝鮮因此爆發反日的「三一運動」，中國也發生對外爭取主權的「五四運動」，日本國內政黨則掀起民主改革浪潮。臺人深受鼓舞，有識之士紛紛展開以自由民主為訴求的民族運動。當時留日學生是海外推動民族運動的大本營，他們在「臺灣非成為臺灣人的臺灣不可」的共識下，與島內菁英遙相呼應，終迫使日本對臺實施----------------。**14**

問題：

1. 你對這段課文的描述，哪些字或詞不甚理解？
2. 本段歷史主要發生的時間為何？
3. 何謂民族自決思想？為何會在此時興盛？
4. 何謂「三一運動」？「五四運動」？兩者有何相同處？
5. 課文提到臺人深受鼓舞，於是發動何種行動？採溫和還是激烈的方式？
6. 當時推動民族運動的大本營在哪？
7. 他們提出「臺灣非成為臺灣人的臺灣不可」的理念，曾發動何種行動？並請解釋何謂「臺灣非成為臺灣人的臺灣不可」？
8. 請完成文章最末的未完成句
9. 請問本段教材的主旨為何？

活動二：繪製因果關係魚骨圖

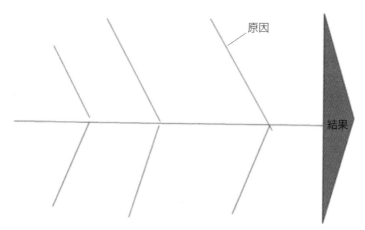

提示問題

1. 上段課文主要在談何者的出現？

2. 請問何者為原因？何者是結果？

3. 請用魚骨圖繪製

活動三：再閱讀另一段資料，並請同學獨立完成魚骨圖：

資料二：第一世界大戰後，國際間民族自決思想風潮興盛，此時日本國內進入大正民主時期。1918年，早年主張總督由文官擔任的原敬成為日本首相，主張以文官擔任總督，1919年第一任文官總督田健治郎，遂採取較溫和統治政策，推動內地延長主義。[15]

活動四：比較分析兩者差異

1. 兩段資料都是在談同一現象的發生，相同點為何？

2. 資料一認為造成此結果，日本的態度為何？資料二的觀點呢？

3. 兩者還有哪些相異點？

4. 你可以看出兩段資料中，何者對當時日本政府較有好感？為什麼？你認為為何會出現如此差異？

　　關於上述針對一戰之後，日本對臺改採內地延長主義原因探討的學習單，筆者曾對建中學生加以施測，這些同學都是已經學習過相關課程的高二學生，他們對於學習單內有關語意知識的問題，都能正確地掌握，比較有意思的是：同學對於活動四中比較兩段不同教科書內容呈現差異的看法，學生對於兩者內容的異同雖可正確掌握，但對於兩段教科書內容的差異，彼此間有不同意見。有些學生可看出資料一立場較「反日」，而資料二立場較為「親日」，有些學生認為這是意識形態不同所致，這些同學似乎已能讀到資料背後的隱藏文本。也有的同學認為兩者並未矛盾，認為資料一是由外而內地影響日本，資料二是由內而外地敘述政策的制定過程，造成兩者差異是資料引用不同所致；這種意見與美國的高中生看待教科書的眼光很像，Wineburg認為：中學生常侷限於閱讀文件所提供的「片面之見」，他們很少比較不同的資料，總是想找到正確的答案，所以一旦面臨相互矛盾的資料就會感到困惑焦慮，想要找到調和差異的方式。**16**

二、側重「由上而下」的閱讀策略：中國現代史「國共內戰」的教學設計

　　本次教學著重從掌握「整體」文義出發，因為設定教授的學生，相關知識與閱讀能力較佳，故筆者選擇先以課外書為教材。因為學生已有相當豐富的先備知識，在活動一筆者先從此書的目次入手，透過問題來檢測學生「已知」的相關歷史知識，並讓學生透過閱讀目次，提出自己有興趣的疑問，讓學生進入「想知」的狀態。活動二則再縮小閱讀範圍，以國共內戰的東北戰局為教材，給學生更仔細的相關重點提示，再次透過問題來檢測學生已有的相關歷史知識，並提出自己有興趣的疑問。最後，活動三則是讓學生閱讀選讀文本。會選擇白先勇先生所著的《父親與民國——上冊·戎馬生涯》作為選讀教材，主要是本書文筆流暢，內含許多教科書所未見的「秘辛」，不僅可提升同學興趣，也可讓學生獲得「新知」。由於文章頗長，建議同學可藉由劃重點與默讀等方式，來掌握文義。

因爲本書充滿「秘辛」，應會對於此段歷史已有相當相關歷史知識的同學，產生不少衝擊，故活動四則可以藉此詢問同學，透過問題讓同學進行自我覺察，在閱讀中，有哪些資訊令你感到疑惑與好奇。活動五則安排以往國立編譯館出版的相關教材，作爲閱讀文本，並透過兩段不同的敘述，測驗學生是否能看出兩者的異同處，再詢問學生能否知道兩段資料之所以會有不同解釋的原因何在？再詢問學生較相信何者？並請說明原因？

活動一：預覽目次

以下是白先勇所著《父親與民國——上冊‧戎馬生涯》一書的主要目次：

第一部：北伐

第二部：蔣桂戰爭‧建設廣西

第三部：抗戰

第四部：抗戰勝利‧國共內戰

問題1：根據上述目次，哪些是你最有興趣的？

活動二：預覽標題

　　在白先勇，《父親與民國——上冊·戎馬生涯》，臺北：時報社，2012年。第四部：抗戰勝利·國共內戰中有〈父親的憾恨〉一節，內容主要談1946年春夏間，國共第一次「四平街會戰」之前因後果及其重大影響，依其內容重點可摘要成：

　　1.東北舉足輕重的地理位置及複雜多變的歷史傳統

　　2.戰後東北的國際形勢——美蘇之間的勢力競爭

　　3.共軍闖關東北

　　4.國軍進軍關外馬歇爾調停

　　5.第一次「四平街會戰」——「把四平變成『馬德里』」

　　6.中央軍王牌盡出

　　7.攻打本溪

　　8.進攻四平

　　9.父親奉命東北督戰

　　10.共軍潰敗實況

　　11.一項改變歷史的軍事錯誤——第二次停戰令

　　12.「養虎遺患」——父親的憾恨

問題2：根據上述12個摘要標題，哪些是你最有興趣的？為什麼？

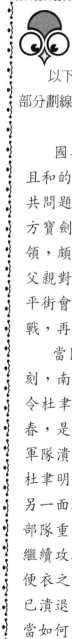

活動三：依據提問尋找答案：反思閱讀內容

　　以下是此書內容的一部分，請各自默讀，並把你之前有興趣或有疑問的部分劃線註記

　　國共內戰自馬歇爾使華調停以來，一直處於邊談邊打，且戰且和的模糊局面，此拉鋸情勢，影響國軍士氣甚大。父親對於國共問題一向堅決主戰，此次由蔣中正任命至東北督戰等於持有尚方寶劍，加上父親因與杜聿明等所謂黃埔系的「天子門生」將領，頗有淵源，對於正在激戰中的國軍將士是一大鼓勵。也因為父親對杜聿明及第五軍幹部頗能賞識，且能指揮得動，這一次四平街會戰，林彪所部十萬餘共軍大敗，傷亡慘重，父親往前線督戰，再度指揮杜聿明，二人合作，又一次創下輝煌戰果。

　　當國軍既克四平街，父親乃下令繼續進軍長春。在此關鍵時刻，南京統帥部獲知長春城內潛留六千名蘇聯紅軍的情報，曾密令杜聿明，不准軍隊渡過遼河，父親得知南京當局阻止進攻長春，是怕國軍力有不逮以及將與蘇聯紅軍發生衝突。但見到林彪軍隊潰敗的狼狽情形，出人意表，深覺不可錯失良機，一方面當杜聿明面去電向中央報告，並連夜趕回南京向蔣中正說明實況。另一面遽然獨斷下令，命杜聿明繼續追擊。此次追擊，造成林彪部隊重大損失。而父親回到南京即向蔣中正主席面陳報告，力主繼續攻取長春。蔣當時尚頗猶豫，詰問父親：據報長春有六千名便衣之紅軍，萬一肇事起衝突，當之如何。父親以為林彪部隊已潰退，多六千紅軍，亦不濟事。蔣又問，如果紅軍再回來，又當如何。父親分析當前情況：按中蘇友好條約，蘇聯應照規定撤

兵，既已撤兵，又再回頭，則中國政府不應負責任，而是聯合國的國際問題了。蔣聞言，當場未置可否。

　　蔣重視東北戰況，不甚放心，故隨父親趕返東北時親往視察督戰。當蔣在瀋陽落機之時，聽到國軍已攻進長春，蔣大悅，先前疑慮一掃而空。加上自國軍進佔長春後，蘇聯態度也改變了，竟不惜扯中共後腿，向蔣示好。蔣對蘇聯紅軍的顧慮既除，信心大增。在此歷史關鍵時刻，父親向蔣中正提出肅清東北共軍的全盤計劃：父親力主乘勝追擊，直取哈爾濱，乘林彪部隊潰不成軍之際，一舉拿下齊齊哈爾、佳木斯及滿洲里北滿諸重要城市。進一步，父親主張組織民眾，編三百萬民團，保衛地方，肅清共黨勢力。父親並建議待東北情勢穩定後，抽調五個美械裝備師回關內至華北助北平行營剿共，等事畢再行調回。父親則自告奮勇願意留在東北，繼續督戰，負責實施肅清東北共軍計劃。可是蔣中正不同意父親留下，在父親力爭下，蔣說出心中疑慮，父親繼續戰共，怕馬歇爾責怪。父親力辯：「馬歇爾責怪可以推到我身上，『將在外君命有所不受』。」蔣仍堅持要父親即日回返南京，任職國防部長。父親無奈，只得離開長春。[17]

 ## 活動四：自我覺察：閱讀上述資料後，請回答以下問題

問題3：哪些資訊是你預期到的？（或是猜想到的）

問題4：哪些資訊讓你驚訝，產生更多好奇？

問題5：哪些資訊讓你更迷惑，讓你質疑它的真實性？？

 活動五：比較、反思、判斷

請閱讀以下部編本教科書的相關內容資料：

　　中國對雅爾達密約，事前並無所知，事後由美轉告。歐洲戰事即將終了，蘇俄勢將對日作戰，加以中共軍的內應，俄軍一旦深入，東北、華北勢必非我所有。為約束蘇俄的行動，爭取戰後和平建設的時機，使雅爾達密約的傷害減至最低程度，我遂於三十四年八月十四日在莫斯科簽訂中蘇友好同盟條約。其關於東北的要點為：蘇俄給予國民政府以道義及物質的援助；進入中國之俄軍，於日本投降後三個月撤畢；中長鐵路（中東、南滿兩路併稱）中蘇合營三十年；大連開為自由港，旅順軍港中蘇共用三十年。但俄軍進入東北後，對上項協約，並不遵守。

　　民國三十四年（西元一九四五年）八月八日，蘇俄對日宣戰，進兵我國東北。這時日本已遭到原子彈的轟炸，正向同盟國家請降，未作任何抵抗行動。不到半月時間，俄軍占有東三省及熱河、察哈爾；重工業設備，拆卸運走，稱是「戰利品」，其不能移動的，加以破壞，所有工廠徒留頹壁；車輛多被劫走。

　　我國依據條約規定，派員至長春與蘇俄軍方交涉接收東北。俄方態度蠻橫，提出「經濟合作」，意在控制東北經濟。我方要求依約撤兵，俄則藉詞拖延，並拒我軍由大連登陸。俄又支援中共軍拒抗。延至三十五年三月以後，俄軍始自瀋陽撤退。中共軍

隨之進據，國軍驅退之。惟松花江以北地區，國軍始終未能接收。

　　當俄軍進據東北後，中共徒手兵即自長城內外及山東循陸海兩路湧入東北，自俄軍手中接收日本關東軍的大量武器，並收編當地的偽滿軍。原居於劣勢的共軍，驟然轉居優勢，中共勢力之突趨膨脹，多源於此。

　　中共之企圖，欲藉俄軍之掩護，完全占有東北，進而奪取平津，奄有華北。我國抗戰八年，亦為東北問題而起，均不願放棄東北。是以國軍精銳三十萬，由美協助運輸，進入東北，驅退瀋陽、四平街、長春、永吉等地共軍。本可長驅北進，以美國特使馬歇爾之請，政府下令停戰。此為國軍一年後在東北失利的一大關鍵。[18]

問題6：兩段資料有何相同點

問題7：兩段資料有何相異處，你認為造成敘述差異的原因何在？

問題8：你比較相信何者，為什麼？

問題9：面對資料敘述的差異，你認為應如何解決？

　　筆者曾用上述學習單來測驗同學，這一群高二學生早已讀過95課綱教科書中對國共內戰的敘述，但他們在閱讀白先勇《父親與民國——上冊‧戎馬生涯》一書的相關內容後，產生許多驚訝與疑惑，像東北將領自杜聿明以下多為所謂黃埔系的「天子門生」、蔣中正因為馬歇爾，強迫白崇禧回南京、面對中共的挫敗，蔣中正竟抱持反戰態度、國軍進入長春後，蘇聯態度轉為向蔣中正示好等問題。這些內容因為與學生所學的歷史知識有所差異，引起學生的興趣，進而好奇，蔣中正真的是因為怕得罪馬歇爾，而調換主戰的白崇禧？還有促成蘇聯態度轉變的真正為何？由此可見，透過讓學生閱讀與教科書內容不同的資料，有助於讓學生進行歷史的思維。[19]而關於兩種資料不同敘述的比較，還是不少學生相信部編版的教科書，原因不外「較為客觀」，可見第三人稱、呈現較為理性的教科書筆法，仍吸引學生的青睞。倒是有些同學認為要解決兩種不同資料的敘述差異，可以查其他國家的文獻資料，或訪問曾參與此事的人，此同學已注意到第一手資料與資料來源的重要。[20]許多同學都認為應該參考更多資料才能分辨出對錯，也有同學認為，歷史的真相或許不會真的清楚，但可以選擇如何解釋。這些觀點，都與一般同學認為「學習歷史就是背誦教科書內容」，已有明顯地不同了。總之，透過多種文本的閱讀，無論是採用「由上而下」或「由下而上」策略，學生對歷史的思考，將會產生與傳統講述與背誦法的歷史學習，不一樣的新收穫。

第三節　以提問來增進閱讀：以高中歷史科大考試題為範例

　　上述的五種閱讀模式，閱讀者往往在不自覺的情況下，採取某種模式以進行相關的閱讀。有經驗的閱讀教導者，可以透過適當的提問，讓閱讀者能更清楚閱讀的重點與目的，加上不同的提問法，也有助於不同閱讀模式的進行，且提出問題，將可增強閱讀者的注意力，不同的問法，會引導不同的閱讀方向。如：1.順向模式：閱讀教導者可以依據文章的陳述順序，來設計問題，提醒閱讀者所應注意的字詞或語句上的重點，此問法有利「由下而上」的閱讀模式。逆向模式：是希望透過提問，提醒閱讀者能回過來注意教導者希望他了解的內容，此往往會是整合若干語句後的重點，或整體的文章意涵，故此問法，有利「由上而下」的閱讀模式。另外，提問也可以從問題與文本的關係來作分類，若提問是希望閱讀者關注文本的內容與結構者，也就是說問題的答案，是在文本內，此為內在連結。而如果是問閱讀者閱讀文本內容後，能夠加以運用，覺察跟他生活與經驗的相關聯者，此則為外部連結。[21]聰明的讀者應該會發現上述「內在連結」若以PISA閱讀素養的指標，即是「擷取與檢索」和「統整與解釋」兩層次，而「外在連結」則是「省思與判斷」層次。要進行有效的閱讀教學，除有好資料題材外，更需問好問題，好問題會展現好材料的豐富內涵，也是指引學生深入理解資料內涵的重要「鑰匙」，總之，適當的提問，是增強閱讀素養不可或缺的好策略。

　　為讓閱讀能更有效率，不要等閱讀完再提問，而是要邊讀邊問，且要問對問題，問好問題。[22]以下介紹幾種提問策略，並用高中歷史大考試題來作為示例。為何要用高中歷史大考試題來作為範例，筆者以為高中歷史大考試題的形式恰符合閱讀策略中的提問，因為在進行閱讀時，文本是閱讀的主角，提問往往是附加問題。若從大考試題出發，換個角度來看：閱讀文本即試題題幹，附加問題

即試題問句。那上述閱讀文本與附加問句此兩者，不就在歷史大考試題中一起呈現，這是筆者以大考試題作為範例的主因。

另外，臺灣是個非常重視學歷的社會，所以入學考試試題，常決定老師教學與學生讀書的方向，在一綱多本的架構下，各出版社往往在大考結束時，都會出版許多大考試題解析，一方面嘉惠教師與學生，另一方面則是在解析後付上出版社教科書版本的出處，為自己教科書打廣告，且出版社也都會邀請高中歷史界名師為考題作專業的解析。筆者試想：若歷史試題如同閱讀資料的文本與附加問題，那現今坊間普遍流通歷史大考試題解析的方向，是否符合閱讀素養的命題原則呢？如果不是，那兩者有何不同呢？透過比較，是否會產生出不一樣的趣味？以下先介紹第一種提問法：

一、預測

在閱讀文章的過程腦中自然會呈現出一些背景知識，來因應所將接觸的文字語句。即眼睛所看到的訊息，會從腦中資料庫檢索相關資源，以獲得理解，因為大腦會統整之前與剛剛接觸的語句，以方便整合產生新知，好面對未來所要處理的新資訊。[23]此種提問，較接近由上而下的閱讀模式，也就是認為閱讀者在閱讀時一邊閱讀、一邊在腦中整合出整體文義。而以預測作為命題題型者，請見98年歷史指考第12題：

「宇文泰重用蘇綽，制定計賬、戶籍等制度；獎勵清廉，嚴禁貪污，建議裁減官員，進行屯田，又作〈六條詔書〉，宇文泰完全採納，令百官誦習。州刺史郡守縣官不通六條及計賬法，不許做官。西魏政治顯然比東魏政治好一些，＿＿＿＿＿。」

在空格處，應該接著的是哪句話最為適宜？

(A)宇文泰選取身體強健的農民組成府兵

(B)西魏後來成爲北周，東魏後來成爲北齊

(C)到孝文帝時進行大規模的華化運動

(D)宇文氏的政權從此趨於鞏固

　　本題答案爲D，坊間出版社的解析多從西魏在宇文泰勵精圖治的政治改革入手，最後提到：「從題幹文句來看，這段敘述的結論是『西魏政治顯然比東魏政治好一些，……」，語後應該是個歷史解釋的結論』」。[24]大考試題解析多以歷史專業知識作爲主要內涵，非常詳實地分析當時歷史背景，但面對此試題，爲何答案選D時，很明顯地看到：上述歷史專業知識都無法作爲判斷答案的依據，所以解析者很聰明地運用了閱讀策略（在現今台灣高中歷史教師尚不是非常清楚閱讀素養的背景下，此位執筆98年指考的解析者，其眼光顯得更加突出）。他的解題關鍵是整段題幹充滿陳述西魏政權正向發展的歷史事實，故在最後作結論時，應會以歷史解釋的語句作爲結束，且也可跟題幹最末空白處的上一句，相互呼應，故答案爲D。以閱讀素養的角度來看上述解析法，其勉強算是用語義或語氣的方式來解析，而若以預測的提問角度來看，解析此題似乎會更簡單明瞭。預測是測驗學生是否能在閱讀過程中，已形成整體文義的掌握，故解析此題，應以整體文義作爲答題的最後依據。以此角度來看，本試題主要是在談西魏政權的正向發展，故在文句最末，應以評論整體西魏政權的表現作爲結束，自然只能選答D。筆者曾以此考題，來詢問未曾深入接觸此段歷史的國中生，有趣的是，有些學生可以從語意與語感的角度，正確找到答案，更可見，透過閱讀素養的培養，學生會有令人驚艷的「超齡」表現。

二、六何法[25]

（一）WHO何人：請見95年指考第35題

「和與戰怎能由人類來決定？這事只能取決於神的意志。神同人一般，具有需要愛情與睡眠的弱點。而除了飢餓與死亡外，凡是人類做的事，祂們都做，也都干涉。」下列那一類人最可能持有這種觀念？　(A)古代的希臘人　(B)摩西時的猶太人　(C)東征的十字軍　(D)中古歐洲的騎士。

給一段資料，提問歷史上的人、事、時、地、物等，是歷史大考試題中最常見的主要型式。關於上題坊間解析認爲解題線索是：「神同人一般，⋯⋯凡是人類做的事，祂們都做，也都干涉。」題幹所指爲希臘諸神的特色，加上猶太教與基督教都是一神信仰，所以不可能出現「祂們」。[26]上述解析提出兩條解答的線索，也都符合閱讀素養的原則，以PISA閱讀素養三層次：擷取與檢索、統整與解釋、省思與評鑑來分類的話，如果以諸神的特色此一概念來作解答線索，因爲需要閱讀整合題幹中較多的相關語句，故屬於第二層次統整與解釋，若僅是從「祂們」代表多數一詞，來判斷此是指多神信仰，那一神信仰就無須考慮，根據此題解題，就偏向於第一層次擷取與檢索。

（二）WHAT何事：請見：95年學測第52題

表四

男	女	平均
日本人	98.3%	98.1%
98.2%	臺灣人	43.0%
12.3%	28.0%	

表四是1926年時臺灣的一項統計數字，這個表最適當的主題爲何？

(A)臺灣適齡兒童就學情況統計

(B)臺灣地區神道信徒人口統計

(C)臺灣地區成年人口就業統計

(D)臺灣地區醫療照護保險統計

　　坊間解析多是從調查數據的內容來討論答案，[27]此種方法需要統整時間與表格相關資訊，故屬於PISA第二層次統整與解釋原則，且選項(B)(C)(D)三者，欠缺誘答力，透過簡單的比較，就可選出答案，故本試題顯得比較簡單。

（三）WHEN何時：96年學測第7題

　　一位官員因爲在父喪期間，讓婢女服侍他吃藥，被人檢舉違反禮法，因而受到清議的批評，甚至使他的仕途受阻。這位官員最可能處於何時？

(A)兩漢　(B)魏晉　(C)隋唐　(D)宋明

　　坊間解析多從題幹「清議」與「官員因爲在父喪期間，讓婢女服侍他吃藥，被人檢舉違反禮法」，判斷此資料爲東漢以後，且強調禮法，宣揚名教倫常的中古時代。[28]本試題若以閱讀模式來論，應屬於建構整合模式。本題題幹雖然僅有短短兩行，但每段語句會與相關語句，形成一個命題（嚴守禮法，注重倫常的時代），緊接著，又出現新的命題（清議影響仕途），解題者須與將上述兩個議題，加以整合方可作正確判斷。如以PISA閱讀素養來論，因爲試題題幹資料並非完全出自教科書內容，同學須一一檢視題幹中重要關鍵字，來判斷相關歷史事件的年代，方可選出答案，故本題乃屬於第二層次統整與解釋。

（四）WHY何因：98年指考第23題

　　兩位清朝官員談到臺灣的械鬥。熊一本說：「兩類肇端，每在連塍（土溝）爭水、強割占耕、毫釐口角，致成大釁。」福康安說：「因閩庄、粵庄彼此交錯，田業毗連，遂有構釁相爭之事。」就兩人的說法來看，分類械鬥的起因是：

(A)利益競爭　(B)習慣不同　(C)官員放縱　(D)語言隔閡

　　本試題因為文句是文言文，且有不少罕見字，解題者面對此種陌生語句，常會採取由下而上的閱讀模式，所以題幹附有相關生字解釋，以方便考生閱讀與理解。雖題幹已有塍（土溝）的解釋，但坊間大考解析者發現應再附上釁（音ㄒ一ㄣˋ，「釁」的古字，指爭端）」的解釋，方更為恰當。此題因為需整合相關語句，方可作答，如以PISA閱讀素養來論，相關資訊都非出自於教科書教材，但透過分析與歸納文義，仍可輕鬆找出答案，故本題屬於第二層次統整與解釋層次。

（五）WHERE何地：96年學測第49題

　　何先生出生於臺中，幼年時就讀於當地的公學校，後來轉到東京求學。有一天，他看到報上登出某地新成立的政府因與日本關係密切，急需日語教學人才；由於他的語言較無問題，願意應徵，也立刻被錄用。他從東京火車站出發，兩天就到達該地，在當地中學教了好幾年日語，晚上還兼差，教當地官員及家眷日語。直到第二次世界大戰結束之後，他才回到臺灣。何先生這幾年的教學生涯最可能是在哪裡度過？

(A)瀋陽　(B)琉球　(C)曼谷　(D)新加坡

　　由於本段試題題幹較長，無法從單一關鍵字作出判斷，像題幹提出的「公學校」和「後來轉到東京求學。有一天，他看到報上登出某地新成立的政府因與日本關係密切，急需日語教學人才」，可知此政府是在第二次世界大戰前所建立的，且與日本關係密切，加上「從東京火車站出發，兩天就到達該地」，可知此地當在日本附近。所以坊間解析者多順著文句中的題意，不斷地形成命題，最後將若干命題，加以整合，形成答案。[29]以閱讀歷程來論，此方式乃屬於建構整合模式。此題因為需整合相關語句，方可作答，如以PISA閱讀素養來論，則屬於第二層次統整與解釋。

（六）HOW何法

　　此類問題提問法，在歷屆歷史大考試題中出現頻率最少，少到近乎沒有。其最可能的理由，筆者認為這種問法的歷史試題，很可能是問過去歷史人物，面對特定情境，會如何因應。如果歷史是指已經發生的既定事實，那根本不需要詢問歷史人物會如何因應，且臺灣歷史大考試題多是採選擇題的形式，上述HOW問法的試題，若以開放式的非選擇申論示問法，比較能測驗出學生的內在想法。由此可知，此類問題之所以會缺席的主因所在了。

　　再者，根據上述的大考試題解析，多屬於PISA閱讀素養中的第二層次：統整與解釋，此測驗層次正符合臺灣歷屆歷史大考試題長期的命題取向，試題題幹多非全抄襲教科書內容，但學生可依據題幹所提供的重要歷史概念，或整合相關內容，仍可輕鬆應答。故可知，在臺灣歷史大考試題要取得高分，不是僅依賴記憶而已，尚須閱讀素養的輔助。由於目前歷史大考試題多是停留在第二層次的測驗，若要提升臺灣學生的閱讀素養，則很明顯地，應多增加PISA閱讀素養中的第三層次：省思與評鑑的試題。

　　且歷史大考試題的設計就閱讀模式而言，多採建構整合模式。出題者透過提供試題的語句，建構成若干命題，希望解題者能讀懂且能整合出相關歷史資訊，進而找出一個最適當的答案，在此建議教師在解此類試題時，除從歷史知識

的角度來找出答案外，也可適時運用甚至教導學生閱讀模式，來作為解題策略，透過運用「後設」的閱讀模式，將可增進學生閱讀素養。且這些重要歷史命題，往往都是出自於各時代特色或重要的歷史人、事、物，然因為一綱多本，題幹資訊不好擷取某特定版本，學生須從另一種敘述內容，透過閱讀來分辨出正確答案，故語句彼此間的命題建構與整合，應是中學歷史教學者，所應強化的部分。再者，由於PISA閱讀素養中的第二層次統整與解釋，是從閱讀文本中所形成廣泛的理解與深入的解釋，故文本須提供充分的資訊，且資訊也要能符合解題者的知識水準，否則將無從判斷。由此可知，如果中學歷史教育仍是以歷史重點的整理作為教授重點，那學生的歷史學習，很容易停留在記憶層次；如果在課堂教學中多一點資料閱讀，且資料內容貼近歷史教科書，老師在適時給予問題提問，讓同學借由問題與閱讀資料，理解相關資訊更建構出歷史圖象，這應是中學歷史教學所應努力的方向所在。

三、高層次問題

　　學者認為上述的預測與六何法提問，是屬於較基本的層次，希望閱讀者能透過提問，讓閱讀達到詮釋與評估層次，則須仰賴高層次問題。[30]

（一）概述問題

　　主要是問這段資料主旨為何，重點是什麼？請見98年指考第30題

　　1934年《食貨半月刊》創刊，其〈編輯的話〉指出：「史學雖不是史料的單純排列，史學卻離不開史料。理論雖不是史料的單純排列可以產生，理論並不是原形一擺，就算成功了的。中國社會史的理論鬥爭，總算熱鬧過了。但是如不經一番史料的搜求，特殊問題的提出和解決，那進一

步的理論爭鬥，斷斷是不能出現的。」這位編輯要表達的是：

(A)史學研究即是史料學

(B)史料學可以取代理論

(C)理論無益於史學研究

(D)理論建構離不開史料

上述試題，雖也屬PISA閱讀素養中的第二層次:統整與解釋，但解題須完整閱讀題幹資料，方可作答，單從幾個語句或命題，無法判斷出正確答案。加上題幹敘述「史學雖不是史料的單純排列，史學卻離不開史料。理論雖不是史料的單純排列可以產生，理論並不是原形一擺，就算成功了的。」呈現出辯證的趣味，需要多次的閱讀，方可理解整段的文意。且從上述題目可知，本試題內容非教科書內容，所以坊間解析者多未從相關歷史背景與知識來分析，而是依據分析資料內容與文義，即以閱讀素養作為主要解題策略。

（二）比較問題

試題主要問有甚麼地方相同？不一樣在哪裡？出現什麼轉變？哪一個比較有趣？合理？如：98年指考第36題

甲書說：「宗教改革的主因是羅馬教會本身的腐化。」乙書說：「宗教改革起於馬丁路德在1517年公開批評天主教會的腐化。」以下哪個敘述較為合理

(A)甲著眼於遠因，乙著眼於近因

(B)甲著眼於導火線因素，乙著眼於背景因素

(C)甲著眼於個人因素，乙著眼於制度性因素

(D)甲著眼於表層因素，乙著眼於深層因素

　　上述問題的題幹，提供兩段討論宗教改革的敘述，但在提問時是要閱讀者是否能判斷兩者各屬論述宗教改革的何種形式原因，閱讀者須從各種原因的分類形式（外部知識），來解析文本內容，故本題應屬PISA閱讀素養中的第三層次：省思與評鑑的試題。且本試題並非測驗學生是否了解宗教改革的相關人、事、時、地、物等相關內容，而是提供充分資訊，要同學借由閱讀來了解有關宗教改革發生的不同說法，由此試題的設計可知，記憶許多歷史知識，已非解題與答題的重要策略了。

（三）排序問題

　　如：請依時間或邏輯順序，來排列以下語句，可參見98年指考第34題

　　　下列四段有關中共對知識分子思想鬥爭的敘述，請按合於邏輯的次序加以排列。（甲）當時毛澤東正想找理由掀起批判胡適的運動，這個事件正好提供引爆點，毛澤東說俞平伯販賣胡適思想；（乙）俞平伯是胡適考證《紅樓夢》的嫡傳弟子，認為《紅樓夢》是曹雪芹自傳，並從此一觀點考證《紅樓夢》；（丙）霎時之間，全國報章雜誌都是批判胡適的文章，由文藝而擴及哲學、歷史等範圍，歷時長達一年之久；（丁）引起兩位不知名的山東作家的批評，說他的考證方法，是「資產階級的唯心論」，目的在隱晦《紅樓夢》批判封建主義的性格
　　(A)甲乙丙丁　　(B)甲丙乙丁　　(C)乙甲丙丁　　(D)乙丁甲丙

　　坊間試題的解析多交代本試題測驗內容的相關歷史背景，又介紹題幹所指的史實經過外，並非常盡責地分析各選項在論述邏輯上的位置，依照因果關係來妥善安排各選項順序。[31]這種解析方式以歷史知識出發，展現長期以來台灣歷史教育重視歷史事實的記憶學習傳統。但本試題希望依時間或邏輯順序，故命題者

希望同學以閱讀素養來作為解題策略。由於它是依據邏輯關係，來解析文本內容，故本題應屬PISA閱讀素養中的第二層次:統整與解釋的試題。

（四）推論問題

舉出文中的證據？哪些語詞告訴你？由文中找出資料支持？如：102年指考第31題

　　明朝末年，內有盜寇流竄，外有強敵壓境，賦役繁急，百姓負擔沉重。大臣上奏指出：「官員不宜隨便保舉邊地的將才，監察官員也不宜一下子就派任為巡撫。」又如：「邊地官員的升遷，應該在任滿之後，看他的表現再做決定，不要隨便升任地方要員。」三如：「地方的總督、巡撫，大多由監察官員出任，朝廷商議時，很少討論，吏部提出名單，大家也只得答應。」利用這三則奏疏，可以推論出當時邊地的情況最可能是：
(A)軍情緊急，倉促用人　(B)戰術運用，攻守兼施
(C)軍費籌措，民窮財盡　(D)工事修築，無地不防

　　推論常需仰賴讀者本身的知識，故常屬第三層次：省思與評鑑。但本試題解題關鍵主要依據題幹一開始提供的戰亂背景「內有盜寇流竄，外有強敵壓境」，接著需要分析三則資料所共同討論的人事問題，方可判斷出答案。由於解題資訊無需外部知識，故屬PISA閱讀素養中的第二層次：統整與解釋。

（五）判斷問題

說明應該或不應該的原因？說明是或不是？說明是事實還是解釋？為何他要這麼說？如98年指考第39題：

　　一位羅馬作家對時局有這樣的評論：「帝國之內一片昇平，官員的

名號一如往昔。年輕一代曾目睹共和昔日面目者少之又少！」「國家已經脫胎換骨，昔日優美的道德已一絲不存。平等遭到剝奪，所有人都一股腦兒，仰望聽命於第一公民一人。」我們如何解讀這份資料？

(A)這位作家遭逢從「共和」到「帝制」的轉變

(B)這位作家口中的「第一公民」指的就是凱撒

(C)「第一公民」與「奧古斯都」字義並無不同

(D)「昔日優美道德」是指羅馬的傳統公民精神

(E)從作家的言論推測，他應是一位共和主義者

　　本試題主要測試目標，是要閱讀者是否能清楚理解此位羅馬作家所記錄的相關內容，並進而讀出文句背後所傳達的價值觀，並希望能測試讀者是否對羅馬帝國有其相當認識。筆者認為要正確解答此試題須仔細閱讀題幹文句，方可作出正確判斷，像題幹的「共和昔日面目」，可知此作家實經歷「共和」到「帝制」的轉變；部分問題無需外部知識輔助，屬於PISA閱讀素養中的第二層次：統整與解釋。而對於題幹中帶有情緒的語句，如「昔日優美的道德已一絲不存」等，需要思考其背後由共和轉變為帝國的時空背景，還有思考作者對此轉變的態度與心情，其中可看出他對共和時代結束的遺憾與惋惜，因此應可推測他支持共和體制。[32]另外，學生要正確掌握相關題目內容，更要理解奧古斯都表面維持共和，實質進行帝制統治的野心，故部分選項屬第三層次：省思與評鑑。

（六）反思問題

　　關於此類問題，學者曾提供相關提問內容：「如果你是金銀角大王，要怎麼對付孫悟空？你認為孫悟空獲勝的原因是什麼？如果請你給孫悟空和金銀角大王一些建議，你會說什麼？」[33]此類題目也很少出現在歷屆歷史大考試題中，筆者認為有幾個原因：目前臺灣歷史教育仍著重在史實的陳述與資料的解讀，且採選擇題型式，欠缺非選擇題的開放試測驗，故答題者都是從題幹所提供的既定事實與資料上作思考，故很少有「如果」這種假設性的提問。

　　此類問題屬於PISA閱讀素養中的第三層次：省思與評鑑的試題，要閱讀者提出對歷史人物提出建議與評價，此需有外部知識或價值作為依據，如傳統中國史學的道德評價。由於臺灣歷史教育重視知識傳授，歷史教學多採取功利的升學取向，教學僅限在有確定答案上，欠缺情意與價值教育，故此類試題很難出現。

　　綜上所述，透過了解不同的閱讀模式，知道閱讀思考的不同步驟與進程，適度地依據學生不同程度與需要，讓閱讀素養進入教學設計，將對學生理解歷史教材與準備大考試題有所助益。教師更可藉由提問等策略，來為不同學習程度的學生，提供不同層次的問題，來增進學生學習態度，提升教材理解與改善學生的學習效果。另外，不同的提問方式，有著不同層次的教學意義，透過上述大考試題的解析，發現許多考題多屬於PISA閱讀素養中的第二層次：統整與解釋。此類型的測驗，主要是測驗學生建構與整合命題的能力，雖可增強學生語意的掌握能力，但長此以往，若測驗的歷史命題重複出現，則測驗易流於「反射」動作，且欠缺高層次詮釋與評鑑能力的養成，故發展PISA閱讀素養中的第三層次：省思與評鑑的試題，應是臺灣歷史教育可以努力發展的方向。而省思與評鑑的歷史試題，它是從外部知識來理解文本資料，所謂外部知識以學科為本位的立場，即是指程序性知識與策略性知識，主要是指歷史知識如何呈現？運用哪些概念與策略？這是我們下一章所要討論的焦點。

第四章
提升學生的閱讀素養：從認識文體形式出發

　　在上一章中，討論如何增進閱讀素養的策略，比較偏重於分析閱讀者的內在學習歷程，透過運用前導組體、標示與附加問題等策略，針對不同學習狀態，適當的在不同閱讀歷程，實施差異化的教學，以增進閱讀的效果。也就是讓閱讀者的認知活動能夠組織化、結構化與順暢化，以達到有效的學習。在本章則是偏重討論外在的文本問題，文本（text）依其不同的論述目的，呈現出不同的結構樣貌，許多學者主張：認識文本的結構，將有助於增進閱讀素養，故在歷史教學上，教師不僅教授相關歷史知識，更應幫助學生分辨不同文本的相關形式與結構，此將提升學生的歷史學習。

第一節　辨識文體形式有助於閱讀學習

　　學者發現在日常生活中最常接觸的文本，依其文章結構的呈現方式，可分為敘述性文本（narrative text）及說明性文本（expository text）兩大類。[1]其中敘述性文本主要用以描述某一特定主題所發生的事件，包括背景、起始、目標、企圖、情節、結局、內在反應、結束八項要素，因為文本的目的是講述一個故事，故又稱故事文本。說明性文本顧名思義是說明一些事情的文章。綜括有事件的報導，如報紙新聞，含科技詞彙的文章如科普書籍，定義某些學科內容的讀物如教科書，以及旅遊導覽地圖、法令表格上的條例、電器或玩具的操作手冊等等。簡言之，我們可以把非故事、非小說的文章或書籍，籠統當作說明文類。[2]說明性文本主要目的是闡述理論、事實、通則、資料等知識訊息，因此，又稱作知識性文本。[3]

　　學者認為有技巧的閱讀者，多會把閱讀的文章視作有組織、有意義的知識，所以，能夠掌握文章的組織模式，將有助於迅速理解文意。[4]且文章的創作，有其目的，了解其目的，更能深入理解內涵，作者為了要讓讀者能理解文章的內涵，會設計一套有利理解的架構，所以，假如讀者可以識別一個文本的結構模式（structural pattern），就更能理解該文本的意義。[5]許多認知心理學家也透過實驗證明：若能在閱讀時，教導閱讀者辨識文體結構的有效策略，來協助理解文章中重要的訊息，一定會對其閱讀理解有所助益。[6]

　　當代認知心理學研究也發現，人類的大腦思考運作也支持此種閱讀策略。他們以西洋棋手熟記棋譜的訓練方式，來作舉例：「大師們在數以萬計下棋時數中，所獲得的知識，讓他們可以擊敗對手。尤其大師們更能夠辨識出有意義的棋局，能了解到這些情況下，某些策略的意涵。這些辨識的能力，使得他們能想到比別人更優秀的招式。」[7]此種運用閱讀策略的訓練方式，一些聰明且頂尖的西洋棋手也深刻體會其在增進自身棋藝的重要，他們常會透過鑽研棋譜，從思考理解歷屆棋藝大師的思考歷程，來培養自己更高深的能力。[8]

第二節　辨識說明文體：以歷屆歷史大考試題爲例

　　由於學生離開學校，在職場上閱讀的讀物，有80%以上多是爲傳遞知識爲目的的文本，此內容多屬於說明文文體，而非故事體。加上高中歷史教材的內容，主要是傳遞知識，而非陳述故事，所以以下分析主要以說明文文體作爲對象。根據上述認知心理學者的看法，辨識文體特色有助於理解文意內涵，筆者遂以歷屆歷史大考試題作爲說明文的範例，透過辨識其文體特色，來作爲解析考題掌握文義的策略，並與坊間大考試題解析相互比較，讓讀者能清楚兩者的不同。

　　關於說明性文本結構的理論，最早由Meyer所提出，他認爲說明性文本的頂層結構組織模式分爲五種不同的類型，分別是：因果關係、比較、聚集、描述、問題解決。之後他接受Cook的見解，兩人以概括、序列、列舉、分類、比較對照，一起發表論文。Taylor認爲應該把序列、列舉與分類並爲一項，而加上因果關係與問題解決兩項，說明文文體結構成爲概括、序列列舉、比較對照、因果關係與問題解決五項。柯華葳認爲上述五項，其在文章中所扮演的組織角色相近，則又把序列列舉與比較對照、因果關係與問題解決兩兩合併，成爲概括、序列、因果三項。以下就以概括、序列、因果三項結構分類，來分析歷屆大考試題的題幹文體類型。**9**

一、概括

　　透過掌握概括事物的特徵與主要概念的語句，來分析與歸納所要說明對象的特色。如：95年學測的51題：

　　1917年有一則啓事説：「每個自由之子，快來吧！把話傳過去，我們就要來了。拿起你的槍，亮給德國佬看，揚起旗幟吧，我們從來不畏艱難。我們不會回頭，直到戰爭終了。」這個啓事的背景是：

(A)俄國發生大革命，共黨號召群眾革命

(B)奧地利政局改變，號召人民抵抗德國

(C)英國決心參戰，開始與德奧等國作戰

(D)美國宣布參戰，要招募人民從軍入伍

　　一般坊間解析，多以歷史知識爲解題脈絡，透過直觀地闡述與比較，來說明選(D)的理由。[10]如果以說明文文體的辨識方式，則第一步先確定其是屬於哪一類模式，因爲其未談因果關係，也未以特定脈絡，來敘述一個接一個的事實，僅是陳述事物的發展，故其屬於概述類。概述類主要以呈現特徵爲論述的主要宗旨，遂從題幹中找具有「特徵」的字詞，如：1917年、自由之子（此是美國民眾獨立戰爭時反抗英國殖民時的自稱），還有「拿起你的槍，亮給德國佬看」，表示與德國宣戰，故本題答案爲1917年美國參戰。因爲此類問題，是歷屆大考試題中出現最多次者，茲再舉98年學測第30題：

　　「這是一個多采多姿而變化萬千的時代，和中國的戰國時代最可相比擬。在這個時期的形形色色中，有不少仍是中世的，有不少顯然已是近代的，但也有不少爲這時期所特有。這個時期上承中世，下啓近代，同時也自成一個時代，充滿了強烈的政治、社會和思想的活動。」這最可能是哪個時代的特徵？　(A)希臘羅馬　(B)文藝復興　(C)啓蒙運動　(D)工業革命

　　坊間解析多從題幹提供的：「這是一個多采多姿而變化萬千的時代，…這個時期上承中世，下啓近代，同時也自成一個時代，充滿了強烈的政治、社會和思想的活動。」由此來找到符合此敘述的歷史時代。[11]這種解題法，其實已掌握當遇到說明文中出現概括類資料時，尋找特徵即可找到文本主要內涵的原則，此

種原則簡單地說，即是找關鍵字句。但坊間解析依舊多還是以歷史知識的脈絡來解題，如以說明文文體結構辨識作為解題原則，就非常清楚明瞭。首先先辨識類型：同樣又是在敘述一件事物，敘述內容無特定的順序，也非呈現因果關係，故此為概括類型結構。題幹文字中較具特徵的字眼有：「多采多姿而變化萬千的時代」、「上承中世，下啟近代」等，即可輕鬆判斷是文藝復興。

二、序列

以有規律的時間或空間的說明順序，來描述事物每個階段的特色，或呈現並比較彼此的差異。如：99年學測第47題

表一與表二是1956到1986年間臺灣四個都會區人口數與人口成長率的資料，表一的丙都會區最可能是：

(A)臺北　(B)臺中　(C)臺南　(D)高雄

表一　　　　　　　　　　（單位：千人）

	1956	1966	1976	1986
甲	1,237	2,099	3,457	4,887
乙	608	977	1,546	1,954
丙	378	560	808	1,109
丁	426	599	780	972

表二　　　　　　　　　　（單位：%）

	1956	1966	1976	1986
甲	6.1	5.3	4.4	3.6
乙	4.3	4.3	3.5	1.8
丙	—	3.7	3.6	3.1
丁	6.6	3.1	2.3	2.3

一般坊間解析多會採取歷史知識作為解題策略，但在解析敘述中，會考慮到時間問題，不知不覺掌握住說明文文體中序列結構的特色。[12]首先先辨識文體結構類型，閱讀題幹所呈現的資訊，不是談因果關係，也非概括的陳述，它主要以時間順序來呈現資訊，故此為序列類文體結構。序列類結構主要論述特色是比較，故從1986年那一欄的人口數，再配合選項，即可輕鬆判斷出答案。

三、因果

　　文章主要是呈現因果的關係，文章中會呈現敘述因果的結構，常出現與具有：原因、結果、造成、引起、導致等字句。如：97年學測第70題

　　　食物反映一地的地理條件與文化，在近代交通發達以前，通常不易改
　變；但有些地區的飲食方式卻在西元八世紀到十六世紀間，有重大的變化，
　如開羅、君士坦丁堡都屬此類。這些地方飲食文化的改變主要原因為何？
　(A)宗教信仰改變　(B)氣候條件變遷　(C)耕作技術改變　(D)海外貿易中斷

　　上述題幹大約有三行，但如果從說明文文體辨識中，發現題幹屬於因果類結構，且題幹已標示結果，題目主要是問原因：那題幹就可縮減為：請問西元八世紀到十六世紀間，開羅、君士坦丁堡飲食文化改變的主要原因為何？故透過文體辨識，將可以更能釐清題意，正確地找到答案。

　　綜上所述，說明文文體因為它以陳述知識為主要目的，陳述的策略有概括、序列、因果等三種方式，每一種方式都有其論述結構，故辨識其文體結構，就能輕鬆掌握文意，進而找到正確答案。同樣的，歷史文類也有其特殊的知識結構，如果能辨識出歷史文類的文體結構，即能深入掌握歷史文類的文意內涵，以下筆者遂以此角度來加以討論。

第三節　分析歷史類文體的特色

　　在討論這問題之前，須先理解何謂歷史？「歷史知識有兩個基本概念：第一層次的概念——實質概念，意即歷史之重要事實內容；第二層次的概念——時序概念，即變遷、因果、證據等方法上的訓練。而特別是時序概念，賦予我們對於歷史學科的觀念之意義與架構。」[13]由上所述，可知歷史不僅是記錄過去發生的事實，而且是透過特殊的歷史概念，來組織與呈現歷史事實，但教導歷史事實與歷史概念並非彼此獨立發展，應是相互依存且共同培養，兩者並須並重，所以，歷史事實不再是被發現、必須被記憶；而是需要被建構與被解讀。[14]簡言之：「歷史」一詞，包含兩層意義：一是指過去發生的事件，一是指我們對過去發生事件的理解與敘述。[15]總之，歷史是對於過去事件的敘述與理解。其中，敘述的目的是為呈現事實，而理解則須仰賴歷史學的特殊概念。以下筆者從敘述策略與理解概念這兩項，來討論歷史文類的特色：

一、認識歷史敘述的策略

　　歷史是紀錄過去發生的事件，要讓閱讀者僅透過閱讀，而能相信與理解文本所敘述的事實，需要一些特殊的技巧與策略。常見的歷史敘述策略有：「考證」是面對兩則以上描述同一事物，但觀點不同的紀錄，為求較適當的答案，遂運用其他的資料來論證何者為真的書寫策略。「舉例」是針對某一歷史觀點，舉出多種的事實，作為支持自己觀點的佐證基礎。「敘事」是採取種說故事的方式，透過生動有趣的描寫，在時間的脈絡下敘述歷史的發展與自己的觀點。而「比較」則是為要讓讀者能更清楚所要闡述的歷史事物特色，透過對比與其相近的事物來陳述其觀點。「譬喻」是假借歷史之外的事物，來比喻這件事物，透過示例的比喻，讓讀者能有更深刻的理解。「褒貶」是對歷史上的人、事、物給予

讚揚或批評，「史論」是針對歷史著作的內容，提出評論，以上是不同歷史敘述策略的特色。緊接著筆者針對每一項敘述策略，各舉一則歷史試題，作為具體說明，好讓讀者能更精準分辨不同的歷史敘述策略。先看102年指考第20題：

> 東晉的孫盛討論《三國志》與《世語》有關袁紹出兵人數的差異。《三國志》寫到：「袁紹簡精卒十萬，騎萬匹，將攻（曹操根據地）許」。《世語》則記載：「袁紹僅有步卒五萬，騎八千。」孫盛指出：「根據曹操曾對崔琰說，冀州戶籍中有人口三十萬，再加上幽、并、青等州，更是不少。袁紹用兵，必然大舉出動，所以他出兵十萬攻打曹操應屬可信。」上述孫盛所說的內容，在歷史學中稱為：
> (A)敘事　(B)考證　(C)褒貶　(D)史論

在上述試題的題幹中，孫盛想要敘述袁紹出兵的最可能人數，他發現《三國志》與《世語》兩者紀錄有所差異，遂引用另一段曹操談論冀州人口的資料，論證《三國志》的紀錄較為可能，此即考證策略的運用。歷史學的資料眾多，面對不同內容的紀錄，往往需要其他資料作為推論的依據，方可找出真實。再看下一題：

> 「1659年當鄭成功最終決定大舉進攻江南時，江南已經不存在接應的組織了。因響應勢力微不足道，鄭成功不得不完全依靠自己的力量，不過他的兵力頗為可觀，有船400隻，兵25萬，裝備精良，多數持盾牌短劍，有些則雙手操長柄大刀，上身披有鐵片層疊的甲衣，以防禦槍彈。鄭成功也有兩隊黑人士兵，他們以前是荷蘭人的奴隸，學過使用槍砲的技術。」[16]請問作者用何種敘述策略，去闡述他的觀點？　(A)敘事　(B)考證　(C)比較　(D)譬喻

本題答案為A，歷史文類應屬說明文，以陳述知識為主體，與說故事為目的

的故事體不同，然20世紀後期歷史學與文學的區隔日趨模糊，許多史學家已開始用以往說故事的方式，探文學的書寫策略來陳述歷史，讓歷史情景栩栩如生，如在目前，讀來十分精彩、有趣。像上題題幹所描述鄭成功的軍備規模與兵力多寡，作者鉅細靡遺的鋪陳，詳細地娓娓道來，讓讀者有如數家珍、如在目前的親近感。再看下一題：

　　「范仲淹長在淄州，卻生於五代以來佛教盛行的蘇州，蘇俗多奢少儉，素來尚佛，養生送死，多作佛事，士大夫居喪常作佛事，范仲淹先世也都安葬於蘇州白雲寺，所以他二十一歲入長山醴泉寺讀書，雖是承襲唐末五代以來，士人讀書叢林之風尚，但此亦受早年家庭環境所影響。他入寺念書，除可瀏覽佛典，也可交遊佛門人士。范仲淹說他曾閱覽「釋教大藏經」，在當時要在佛寺之外閱覽大藏經，恐非易事，且他說閱覽大藏經而不專指一經，可見涉獵甚廣。」[17] 上段資料以范仲淹的佛教因緣為論述主旨，請問其敘述策略為何？

(A)敘事　(B)舉例　(C)比較　(D)考證

　　本題答案為B，舉例是列舉許多的理由，來支持自己的觀點。像上題，就從范仲淹出身地的社會風氣，還有他在佛寺讀書的種種細節，來論證范仲淹與佛教的深厚因緣。

　　「羅馬乃從中心而伸展其勢力至四周，然當此中心的上層貴族漸趨腐化，蠻族侵入，如以利刃刺其心窩，而帝國全部，即告瓦解。此羅馬立國型態也。秦、漢統一政府，並不以一中心地點之勢力，征服四周，實乃由四周的優秀力量，共同參加，來造成中央。且此四周，亦更無階級之分。所謂優秀力量者，乃常從社會整體中，自由透露，活潑轉換。因此其建國工作，主要是在中央之締構，而非是對四周的征服。」[18] 請問作者用何種敘述策略，闡述秦漢帝國的建立？

(A)敘事　(B)舉例　(C)比較　(D)譬喻

　　本題答案為C，歷史敘述可以透過比較的手法，用兩個相近的歷史事例，分別敘述來分析兩者的異同處。像上述作者即是用歐洲羅馬與中國秦漢這兩時間相當的帝國，透過比較的手法，來論述兩者的發展過程。

　　「中古教會的束縛，如同人類要求自由的心受泥殼的限制，然而心是活的，是能與時俱長的，所以文藝復興的發展，便是這個充滿生命之精神打破教會專制思想的硬殼，這件事業猶之孵雞的破殼出世，所以文藝復興的最大成功，也就是人的發現，或曰人的復活。且此時人類的智識和情感，不但能回復他們的自由，並且能更日益擴充，日益升高起來。」[19]請問作者用何種敘述策略，去闡述文藝復興的發展？
(A)考證　(B)舉例　(C)比較　(D)譬喻

　　本題答案為D，作者認為脫離中古教會束縛的文藝復興運動，如同小雞破殼而出一般，他用一種與歷史學無關、但日常生活可見的生動情景，來比喻文藝復興的重要性，利用此種譬喻手法，來凸顯文藝復興的歷史意義。

　　「江陵陷，元帝焚古今圖書十四萬卷，或問之，答曰：『讀書萬卷，猶有今日，故焚之。』未有不惡其不悔、不仁，而歸咎於讀書者，曰書何負於帝哉？此非知讀書者之言也。」[20]上述王夫之針對《資治通鑑》紀錄所說的內容，在歷史敘述學中稱為：
(A)敘事　(B)考證　(C)舉例　(D)史論

　　上述資料出自王夫之的《讀通鑑論》，此書是王夫之閱讀《資治通鑑》時，對其所述內容的評論筆記。上述題幹是南朝梁元帝在亡國之際，怨讀書無用，竟有憤而燒書的舉動。王夫之遂對此記載內容，提出意見，故為D史論。

　　「毛澤東，由於無知所犯下的如『大躍進』、『人民公社』等有形的錯誤，是比較容易補救的。唯有他為了遂一己權力之私，不惜玩弄純潔的孩子們，搞所謂『文化大革命』，這一絕大的騙局，使大多數中國人，今天都對中共政權，基本上失去信心，更使青年們對一切理想主義，都不再發生興趣。」[21]上述資料乃某史學家針對毛澤東一生提出他的觀察，此在歷史敘述學中稱為：

(A)褒貶　(B)考證　(C)譬喻　(D)史論

　　本題答案為A，作者主要是評論毛澤東一生的歷史功過，既沒有其他不同觀點，須要透過考證來說明自己立場，也沒有採取比喻的手法來描述毛澤東的一生，此資料更非是針對某歷史作品內容的評論意見。加上作者不時批評毛澤東的種種惡行，很明顯地採取褒貶的敘述策略。

二、認識歷史學的主要概念

　　讀者在看完前一節內容之後，一定會想：歷史不就是門透過不同敘述策略來敘述過去事件的學問，歷史理解有何特殊點嗎？它真的足夠特殊，可以作為一種辨識文類的特徵嗎？上述問題是筆者以下討論最希望讀者能夠思考的焦點。為方便討論歷史概念的特殊性，先引一段歷史教育學者談論歷史理解的意見：「為何我們要說歷史是『反直覺』的呢？『反直覺』是什麼意思呢？所謂『直覺』是指學生每天帶到歷史課堂上的觀點，這些日常生活上的概念。他們用這些概念來理解日常生活，而且就這一目的而言，可謂是實至名歸，但歷史學者看問題的角度，卻與人們處理日常生活事物的方式有所差異。」[22]

　　好奇的讀者一定會問：「為什麼會有差異呢？古人和現代人不一樣都是人，看事情的角度怎會有差異呢？更重要的是：歷史不就是已經發生過的事情，這些過去都已經是既定的事實了，怎麼還會需要有用特殊的概念來理解呢？」上

述的看法，正是用一般日常生活的概念來思考歷史。要討論上述意見，首先要知道，對於歷史研究者而言，過去的歷史是在種不確定的狀態，需要待史學家透過分析史料，推論與建構出來的。且根本不存在「過去既定的事實」此種概念，歷史已經過去，不可能重來，也非我們現代人透過回憶能夠重現，我們現代人理解過去的方式，唯有透過理解史料，方較有可能地認識過去。

聰明的讀者您或許會問：「那閱讀史料就可知道過去事實嗎？」或「史料上的紀錄就等於過去發生的眞相嗎？」其實，要如實的理解過去，這一點根本就是種高貴的夢想，因爲史料是不會自己說話的，史料是需要史家透過理解來加以建構。現存對過去紀錄的史料，一定無法完整、一五一十地記錄所有過去發生的一切，且紀錄史料的過去作者、運用史料來建構過去的現代史家，都是選擇性地記錄或分析史料，且這些紀錄與分析都難免有著自己主觀的意見，所以史料是無法還原眞實完整的過去。

讀到這裡，失望的讀者是否會以爲：「那歷史跟帶著想像色彩的文學，有何不同嗎？歷史學又有什麼是可以確定的概念嗎？」歷史是門在時間脈絡下，敘述過去發生事件的學問，所以他會有著「時序」的概念；歷史是現代人要擺脫自身的時代成見，試圖進入過去時代人物心靈的學問，所以他會有「神入」的概念；歷史是描述過去發生事件的學問，事件的發展有開始、有結束、有其情節、有其轉變、更有其影響，所以敘述過去發生的歷史，須要有「變遷／延續」與「因果」的概念；當然敘述過去不是仰賴想像與虛構，要依靠解讀史料，透過分析史料，來建構可能的過去，須要史學家透過自己編織的意義之網，來述說這個選擇過的故事，所以歷史學有會有著「證據」與「陳述」的概念。以上的「時序」、「神入」、「變遷／延續」、「因果」、「證據」、「陳述」，就是歷史學書寫的特殊寫法，也是歷史學的主要概念。[23]

（一）時序

時序與變遷，是歷史學的核心概念。[24]時序，是一種界定與區分時間的方

式，然歷史學的時序概念，非常地「反直覺」，違反日常生活概念。日常生活的時間區別概念，就是用一般紀年的標準，來理解時序的概念，如：今年是中華民國103年，西元2014年，目前是21世紀等，以上這些都非歷史學的時序概念。因為歷史學的劃分時間，是用事件、過程來作區分，如我們說：啓蒙運動是18世紀歐洲主要的思想運動，這個所謂的18世紀，並非是指1800年開始而到1899年結束，通常是指1789年法國大革命前的100年。所以，歷史學劃分時代的標準，不是根據普世的紀年標準，而是史學家認為最可作為那個時代特色的事件或人物，來作為起點與終點，為要讓讀者能更清楚理解歷史學的特殊時序概念，以下舉一題歷史大考試題作為解釋範例：100指考第26題

二十世紀「六〇」年代是個激情和叛逆的年代，其時間大約是指1963至1973年之間。這與我們通常將1961年到1970這十年視為「六〇年代」的作法不同，我們如何正確理解這種分期方法？
(A)世界各國有關歷史的分期都有公認的標準，不可任意調整
(B)各國分期方法不同，雖求同存異而年代終始計算仍有歧異
(C)史家因主題而設定分期標準，故各種分期都有其學理根據
(D)二十世紀各國曆法尚未統一，史家採用不同計年而出現差異

本題答案為C，為何史學家一般會用1963年而非1961年作為1960年代的開始，因為這一年是美國黑人民權運動如火如荼展開的一年，最著名的是：1963年8月28日，黑人民權運動領袖號召黑人同伴發動「華盛頓進軍」行動，馬丁路德‧金恩在華盛頓的林肯紀念堂廣場上，向支持黑人民權運動的廣大群眾們，發表著名的「我有一個夢」演講。當然在1963年還有《女性的奧秘》一書的出版，這是象徵女權運動開端的經典性著作；還有當時搖滾樂的天團披頭四合唱團（The Beatles），其於1957年成軍，但從1963年從德國紅回英國，本年發行的單曲《我想牽你的手》（I Wanna Hold Your Hand），創下英國歷年來唱片發行量最高的紀錄，更在1963年11月4日，於英國女王與皇室成員、及眾多觀眾前作現

場表演，此後蔚爲狂熱，再影響到美國進而全球。所以，歷史學的時序不是刻板的時間計算方式，史學家選擇的主題、角度，都會影響他時序區分的不同。

（二）變遷／延續

　　歷史學的變遷／延續概念，同樣也是非常「反直覺」，即違反日常生活概念。在日常生活中，我們常會用一個事件，來標誌改變的發生，因爲我們往往都認爲是這事件導致之後一連串改變的出現。[25]這種說法，常隱含著某個事件導致其他事件的發生，而所造成的轉變，似乎有一明確的時間點。各位讀者您一定會說：難道不是嗎？還有其他的說法嗎？就歷史學而言，變遷／延續其實是種長時間的過程與狀態，並非指某一事件或某一重要轉捩點的發生。我們可以把變遷理解成一種趨勢，它是種持續進行的樣貌，很難精確地找到一個確切的時間點，作爲變遷的開端或是結束。更重要的是，同樣的變化，在不同主題或概念下，將會呈現出不同的歷史意義。更重要的是，在變遷過程中，有些歷史的基澱因素，卻依然延續下來，此即是法國年鑑學派史學家布勞岱爾（Fernand Braudel, 1902-1985）所提出的長時段、中時段與短時段三層時間觀。[26]另一位年鑑學派史家喬治杜比（GeorgesDuby, 1919-1996）則從地層結構的觀點來解釋此現象，他認爲地層結構並非水平整齊，有著斷層與不安定帶，且有不同的水平，或是垂直結構，當某些發生明顯變遷，另一些緩慢改變，也有的是穩定不變。[27]同樣地，我們舉一題歷史大考試題作爲範例說明，請見98年指考第18題：

　　班固說：「古代天子建國，諸侯立家，從卿大夫到庶人，各有等差。人們遵奉並服事上級，而在下位的人也不會有踰越的念頭。」接著又說：「五霸，三王之罪人也；六國，五霸之罪人也；四豪（信陵君等四公子），又六國之罪人也。」從班固這兩段敘述我們可以看到怎樣的歷史概念？

(A)因果概念，夏、商、周與春秋的結束，是由於在下位的人沒有踰越的念頭

(B)時序概念，從夏商周到春秋到六國抗秦再到戰國，時間次序不可變更

(C)證據概念，三王、五霸、六國、四豪，都是古代人們嚴守身分等差的

(D)變遷概念，從夏、商、周到戰國後期，呈現逐漸遠離古代理想的趨勢

　　本題答案為D，題幹資料語出《漢書‧游俠列傳》，班固以統治階層上下秩序由嚴整到脫序的改變，來作為它劃分古代變遷的標準，而由他對春秋五霸與戰國七雄冠上「罪人」的頭銜，可知他內心最期望的是安定的政治秩序。他之所以會提出此一論點，主要是為了批判漢代盛行的游俠風氣，他認為游俠風氣會對政治、社會與經濟的正向穩定發展造成妨礙。[28]夏、商、周三代到春秋、戰國政治秩序的敗壞，到底從何時開時？的確很難找到一個確切的時間點或事件作為開端，但從總體趨勢來看，這個時期的確是出現變遷的。那是不是就如同班固所說的愈變愈壞呢？此時期如從思想發展的角度來看，則是呈現活潑多元的豐富樣貌。所以變遷是種趨勢，如何改變？會朝越好或越壞的方向前進，都依討論的主題而有不同。總之，透過變遷／延續的概念，賦予歷史學發展的重要意義，然同一個變遷／延續，放在不同的主題中（如：政治秩序、思想發展等），則會呈現不同的歷史意義。

（三）神入

　　歷史學重視不可「離事而言理」，我們就從一題歷史大考試題，來討論「神入」此一歷史概念，請見101指考第34題：

　　某人認為：神的懲罰非常恐怖，為了免除世人的重罪，神先用瘟疫、飢荒、戰爭折磨世人。我們境內的子民愈來愈墮落，犯下無數罪行，才會受到疫病摧殘。我們應如何理解此一說法？

(A)這是佛家輪迴之說，以解釋世間苦難的來源

(B)這是十四世紀時，對黑死病發生原因的解釋

(C)這是十七世紀的細菌學說，解釋疫病的來源

(D)這是二十世紀蘇聯解體，共產主義者的警告

　　各位讀者看到題幹提到「神先用瘟疫、飢荒、戰爭折磨世人。」腦中是否會出現「迷信」這個想法。的確，我們常常用批判的角度來看歷史，之所以會用批判來理解過去，因為我們有著「人類都是一樣的」此種假定，或者懷抱著「現代人比較優越，古人比較愚笨」的進步論想法。[29]這些都不是歷史學的神入概念。神入概念認為過去的人們看待事物的方式，本來就非常可能是與現在人不同的，因為這個原因，面對過去歷史，不可以現在人想當然爾似地思考事物的方式，來了解過去人們的生活、行為、信仰與價值。

　　那神入是不是就是指「同情」，由情感的角度出發，全然地接納所有我們可以想像過去的種種可能呢？歷史學知識所要教導我們的，主要是理解，而非接納。所以不是要我們不加思索地認同每一種說法，神入過去歷史的種種觀點，都須依賴豐厚的史料以作為依據，那是透過史料所建構的理解，而非情感式的包容。本題答案是B，題幹中資料所描述的，正是中古歐洲人在基督教義解釋一切的氛圍下，所構成的社會流行觀念。

（四）因果

　　歷史學的「因果」，是個非常複雜且「反直覺」的概念，但有趣的是：學生常是懷抱著許多日常生活上的「因果」概念，進入歷史課堂學習的。像很多學生會認為：「所有歷史現象的發生，都必定有其因果關係」，在此信念下，有的會以為：「歷史事件的發生，往往是慢慢累積的過程，導致急轉直下的關鍵事件，就是讓歷史事件發生的原因」，所以「常常是一個歷史事件的發生，導致一連串歷史現象的出現，故要找原因，就應該從事件著手」，更精確的說：「發生事件的原因往往都只有一個，因為歷史的真相都是只有一個」、或者是「發生原因一定有很多個，所以要理解歷史需要分析出很多種不同原因」，於是我們會產

生「探索歷史原因有其固定法則，可分政治、經濟、社會等因素來分析」的概念。

　　上述種種對於「因果」的理解，很不幸地，都不是歷史學所指的「因果」概念。因為「因果」不是不證自明的，他是史學家努力將不同狀態的事物，取得意義上的連結，以便於理解事件之所以會發生的原因。這個連結，不是早就存在的，是史學家所建構出來的。[30]所以認為原因僅有一個、或會有很多個、必然可以分為政治、經濟、社會等因素來分析，這些都不是歷史學所要討論「因果」概念的主要內涵。既然原因是史學家「發現」的，那他就不一定是指某個事件，很可能是某種事態發展的解釋，所以簡單的說：何謂歷史學的「因果」概念，就是歷史學家在建構過去所編織的意義網絡下，發現某一個因素或某種事態的發展，若沒有它，就不會發生事件，這一個就是歷史的「因果」概念。舉101指考第1題為例：

　　　臺灣人原本習於「日出而作，日入而息」的生活規律，在日本統治臺灣以後，臺人對於時間觀念的認知較為精確，這與下列哪一項變化最有關係？
(A)工廠與學校普及　(B)引進度量衡制度　(C)機械力取代獸力
(D)鐘錶行普遍出現

　　本題答案為A。本試題主要測驗導致臺灣民眾在日本統治時期出現守時觀念的主要原因為何？選項中的(B)引進度量衡制度、(C)機械力取代獸力、(D)鐘錶行普遍出現三者，都是出現於此時期的新變化，但這三者都不是促成民眾養成守時觀念的主因，因為守時觀念是種新生活習慣，其養成自然也是在生活習慣改變下的產物，故非是新官方制度的提出或新消費流行的出現等所能促成，且其改變往往是漸進且不知不覺中形成。此種轉變，誠如當代學者所云：「日本殖民政府帶入了各種新時間制度的『局面』，讓生活在此『局面』下的人們，不知不覺的在每日生活的『事件』中使用一種新的機械時間。」[31]，所以，有明確作息時間且

影響深遠的工廠與學校普及，爲導致臺灣民眾養成守時習慣的主要原因。本試題根據大考中心所公佈的考生答題資料，此題的全體考生平均答對率是46%，高分組（前33%）考生答對率是57%、低分組（後33%）考生答對率是35%，全體考生鑑別度是22。**32**可見臺灣的高中學生對於「因果」概念的養成，仍待加強。

再舉101年學測第41題爲例：

一首詩描述古埃及的農業生活，提到以下特徵：甲、尼羅河定期氾濫，使埃及生生不息；乙、河水澆灌了沙漠，養育肥美魚類；丙、河岸有牲畜覓食；丁、神廟定期舉行豐年慶典。

上述哪項特徵，最足以說明此詩所描述的是農業定耕生活方式？

(A)甲　　(B)乙　　(C)丙　　(D)丁

這一題的敘述，爲要更符合歷史的「因果」概念，我們可以將問句改成：

請問上述哪項特徵，最足以作爲古埃及出現農業定耕生活方式的原因或結果？

(A)甲　　(B)乙　　(C)丙　　(D)丁

本題答案是D。一般學生直覺就會選A，因爲這是最符合教科書內容的敘述：由於尼羅河的定期氾濫，讓古埃及出現農業定耕生活方式。但早在古埃及出現農業定耕生活方式之前，尼羅河已呈現定期氾濫的狀態了，所以尼羅河的定期氾濫，不是讓古埃及出現農業定耕生活方式的必要因素。同樣的，乙、河水澆灌了沙漠，養育肥美魚類與丙、河岸有牲畜覓食，這兩項更難直接與農業定更產生發生意義上的連結；而丁、神廟定期舉行豐年慶典，此項雖不是造成農業定耕生活方式的原因，但相反地，他卻是農業定耕方式下的結果。因爲有農業定耕方式所產生穩定的食物來源，古埃及人認爲這一切都是諸神的賜與，遂才會在神廟定期舉行豐年慶典。

（五）證據

　　「證據是個關鍵的概念，因爲它讓歷史學成爲可能」。[33]歷史學家無法親臨現場地目擊過去事件的發生與結束，但它可以試圖透過證據，去建構過去的圖象。由於臺灣中學歷史教育長期停留在記憶層次，對此重要關鍵概念著墨甚淺，連歷屆大考試題也很少觸及，如有也是很簡單的概念，如：101年指考第26題：

　　　　一位學者指出：有一個朝代，《史記》以〈殷本紀〉作爲記載此一朝代歷史的篇章，唯「商」字實已出現於較《史記》更早的古本《竹書紀年》中。在甲骨刻辭中，「大邑商」也出現了不只一次，但卻從未出現過「殷」這個字。根據上述分析，這位學者主張此一朝代的人應自稱爲：
　　(A)殷人　(B)商人　(C)殷人或商人　(D)中國人

　　本題答案爲B，簡單的說：歷史知識的建構不是根據教科書，或某些權威者的言論，而是根據分析史料所得到的確切訊息。根據上題，甲骨刻辭中並未出現「殷」這個字，但常出現以「商」自稱的現象，所以「殷」與「商」相比，當時自稱爲「商」人是比較合理的答案。證據概念還可談到：不是所有過去的史料，都是眞實的敘述，但有時刻意造假所留下的資料，很可能也可以作爲另一種史學研究的正句，更精確的說：何者能夠成爲證據，其實應取決於史家所提出的問題。如：102年指考第12題：

　　　　《元史‧泰不華傳》記載：「泰不華字兼善，伯牙臺氏，父塔不臺，歷仕臺州錄事判官，遂居於臺。家貧好讀書，年十七，江浙鄉試第一，明年至治元年，進士及第。至正元年，泰不華除（擔任）紹興路總管，行鄉飲酒禮，教民興讓，越俗大化。」下列論述與論著，何者最有可能使用以上文字爲證據？
　　(A)〈元初州縣多世襲〉　(B)《元西域人華化考》

(C)〈色目人隨便居住〉　(D)《元典章校補》

本題答案爲B，關於本題，可以參考以下的解析：

由傳主泰不華的字兼善，此出自《孟子》盡心篇，加上他家貧好讀書，十七歲就考取功名，任地方官時，以儒家禮教爲教化百姓的內容，以上都可作爲他漢化的證據。[34]且上述四個選項，都是元朝以後的史學家討論蒙元史的專題論著，但僅有B這個選項，最適合上述題幹所提供的《元史》部分內容，來作爲論證篇章主旨的證據。

（六）陳述

歷史的「陳述」概念與證據密切相關。它是透過證據的分析，史家對過去歷史事件發生的一種說明。「陳述」的內容往往取決於史料所能提供的訊息，然並不是說「史料會說話」，所以關於歷史學的「陳述」概念，更精準的說：史家問了個問題，透過帶有問題意識的深度「閱讀」，並分析史料內涵，針對史料所能解釋某些關於此問題的想法，提出他的意見，這就是歷史學「陳述」的概念。尤其在今日搜尋引擎如此便利的時代，學習擔憂的不是資訊不夠，而是資訊太多無從辨別正僞，所以，歷史教育學者建議應在歷史課堂上，讓學生閱讀資料，且是內容相互衝突的資料，讓學生從閱讀中，去學會分辨，教師更要設計問題，讓學生寫出他心目中的答案，因爲透過「陳述」的書寫，更能釐清謎團。[35]請看102年指考非選第1題：

以下是一則與臺灣有關的資料，根據資料回答問題。

「小的三十二歲，乾隆三十八年，隨父母來臺，趕車度日。時常聽見漳、泉兩府，設有天地會，邀集多人，立誓結盟，患難相救。我與同伙，平日意氣相投，遂拜盟起會。後因斗六有人立會入夥被人告發，並牽連我們一齊呈告。彰化官衙，差人到處查辦，衙役等從中勒索，無論好人、歹

人，紛紛亂拿，以致各村莊俱被滋擾，我等只好抗拒官兵。」

　　1.這則資料應與哪個歷史事件有關？（2分）

　　2.就資料內容來看，資料中的主角「只好抗拒官兵」的原因為何？（不可抄題幹，請用自己的話語歸納說明。）（2分）

　　3.就史料性質來看，這則資料是一手史料？還是二手史料？（1分）你／妳如何判斷？（1分）

　　本題的第一個答案從題幹中的「乾隆三十八年」、「天地會」、「彰化官衙差人到處查辦」這些字句，應可判斷是與林爽文事件有關。最與「陳述」概念有關的是第二題，題目要求學生：「不可抄題幹，請用自己的話語歸納說明」，這就是在測驗學生是否有「陳述」的能力了。且希望同學閱讀資料後，統整資料訊息再加上自己的思考判斷，寫出主角抵抗官兵的原因，此超越PISA閱讀素養的一層次擷取與檢索的層次，已進入第二與第三層次了，由此可見，培養學生「陳述」能力的重要性。

　　學生常常會誤解只要根據真實的史料，就能得到最接近事實的記述，常會認為在史學作品中，所有出現的史料，都是真實的說法。上述看法，就史家而言，卻會認為史料的記載多是充滿爭議的。因為「陳述」並非是所有史料的整合，他是史家透過分析、推理所得到最合理的說法。[36]更有趣的是：優秀的史家在諸多虛構的史料中，也能獲得「真實」的記述。請看101指考第40題：

　　以下是有關古巴危機的兩份資料。

　　資料一：1980年出版的歷史著作提到：「甘迺迪贏了！蘇聯政府退讓，同意拆除飛彈基地並移回蘇聯。危機發生三個月後，美國也拆除土耳其和義大利領土的所有飛彈。」

　　資料二：1971出版的《赫魯雪夫回憶錄》寫到：「我們告訴美國人我們同意拆除飛彈，前提是總統要保證不會入侵古巴。最後甘迺迪讓步了。這是蘇聯外交政策的一大勝利，無需一槍一彈的傲人成就。」

這兩份資料對最後哪方獲勝有不同看法，我們應如何解讀？

(A)資料一的論述較正確，因記載的內容都是歷史事實

(B)資料二的論述較正確，因出版時間與古巴危機較近

(C)兩份資料中都呈現了美蘇兩國同意拆除飛彈的訊息

(D)兩份資料沒有相同的訊息，可見兩份資料均為造假

(E)兩份資料的論點不同，但都有他們各自論述的目的

　　此題答案是C與E，從題幹所給的資訊，很明顯地，看到兩則看似衝突且充滿溢美成分的「虛構」資料，但卻可以從中得到雙方都要拆除飛彈的真實訊息。由此可知，史家的「陳述」，並非是史料的全盤接受或拼貼，透過分析理解歷史資料背後的訊息與主觀目的，是史家實現「陳述」所責無旁貸的責任、難題與技藝所在。

第四節 善用歷史概念和敘述策略以增進閱讀素養

　　上述這些歷史文類的歷史敘述策略和理解概念，是否應該出現在歷史課堂上？以「考試領導教學」的看法，會很直覺的說：「都考出來了，能不教嗎？」，面對這種聲音，當然也可很直覺式的回答：「那就叫大考中心不要命製此類試題啊！」所以，重點不是在於考或不考？而是在於這些無關歷史人、事、地、物的所謂歷史敘述策略和理解概念，對學生歷史學習或閱讀素養的培養，是否有直接的幫助嗎？

　　筆者認為有以下理由，支持肯定應該在課堂上教授學生，相關歷史敘述策略和理解概念的學習知能。第一、從認知心理學的角度：根據認知心理學的理論，在閱讀前先給閱讀者辨識文體外型與特徵的知識，此對他們閱讀時掌握文意有莫大的幫助。上述的歷史敘述策略和理解概念，正是歷史文類之所以會長成如此外形與特徵的主要原因所在，透過外型與特徵的辨識，更可理解書寫者的主要用意，自然應該要鼓吹教授。

　　第二、從培養閱讀素養的角度：閱讀素養不僅是指理解文本的表面文義，更應理解文本的背後意義與隱藏意義，這些文本的背後意義與隱藏意義，都涉及到作者為何要書寫與如何書寫文本內容的目的與策略，要了解這些內容，可從理解歷史敘述策略和理解歷史概念入手。因為歷史具有兩層意義，歷史敘述策略和歷史概念是史家呈現過去歷史事物的技藝所在，其正是理解過去歷史如何呈現的「背後意義與隱藏意義」，這些恰是學習歷史第二層意義的極佳素材。另外，閱讀素養與歷史學兩者都是強調「有所本」，閱讀素養的培養與運用需要有文本，而歷史學則是強調立論須有證據，兩者都是在「有所本」的情境下，方可進行，故要培養學習兩者的能力，需要設計一套具體可見的教材，且也要有具體可見的結果，來檢測學生的學習狀態。而要檢測兩者的學習成果，筆者強烈建議可以採用形成性評量，即在課堂上透過測驗與實作的歷程，來了解學生的學習狀態；因

為希望能知道學生學習狀態，又希望能「有所本」，故善用「陳述」概念的書寫策略，讓學生將自己的學習後的看法，透過文字來表達，好讓教師透過「閱讀」學生具體的作品內容，以更「神入」了解學生的學習狀態，好修正自己教材教法的設計與強化提升學生的學習內容。

　　第三、從提升閱讀素養的角度：教授歷史敘述策略和理解概念，不僅是對培養學生歷史文類閱讀素養有直接的幫助，對學生整體閱讀素養的提升，尤其對臺灣的學生而言，更是幫助甚大。從幾次臺灣學生PISA閱讀素養的成績中顯示，臺灣學生對高層次的省思與評鑑的能力，普遍缺乏，正可能是臺灣具有最高層次閱讀能力的學生，在與其他國家相比下，比例明顯落後的原因所在。而教授歷史敘述策略和理解概念，正可培養學生的省思與評鑑此類的素養；省思與評鑑是閱讀者透過外部知識，來理解文本的一種閱讀素養，歷史敘述策略和理解概念的相關知識，正是屬於文本外的知識，由此角度來解讀歷史文類資料，正是在培養學生的高層次閱讀素養。更重要的是，透過歷史學科的素材，作為提升閱讀素養的教材，不僅可培養學生省思與評鑑的能力，且有些閱讀能力是僅有歷史學科所能提供的。像「時序」，是歷史學特有的劃分時間的概念，且不同的標準所呈現的歷史分期將會不同；「因果」，不僅要知道事件發生的原因，且要能找出最必要的重要原因；「神入」，要理解過去，不是自己的觀點出發，而是要從歷史人物的時空背景中去進行認識；「變遷／延續」，事物的變化有其原因，但更重要是要發現趨勢的發展，且還要發現在變遷趨勢中，有其穩定不變的延續現象；「證據」，要進行論述，須反省究竟是根據那些文本資料，且同一問題，在不同問題下，會出現不同的佐證效果；「陳述」，除了閱讀文本資料外，還要讓學生用自己的話語，說明你所看到的內容，甚至用文字將以表達。以上這些能力，都是僅有歷史學方能提供。所以，透過歷史素材作為培養閱讀素養的教材，一定可大幅提升學生的閱讀能力。

　　筆者認為像上述這種歷史敘述策略和理解概念，不要說學生聞所未聞，連現職中學歷史老師也是所知甚少，僅在歷史大考試題中偶爾出現幾個試題，而坊間解析往往還是從歷史知識的角度來解讀，多是分析題幹相關資料內容的出處，

故試題解析還是停留在知識理解層次。如此，只會讓認眞的學生或老師，總覺得準備歷史考題題目，毫無頭緒。因爲資料多出現在課本之外，無從掌握，故對準備歷史大考試題總充滿永遠跟不上的無奈感，且學生就算不知不覺運用閱讀素養答對了，心中也總有種不踏實的感覺，自然更不用說懂得欣賞此類試題，了解命題者的教學用意與設計巧思！

　　培養閱讀素養不僅是希望增進學生的識字量與閱讀量，他更希望能提升「個人在各種生活情境中，與同儕互動和參加社會團體活動時，所建構出一種可增長知識、技能及策略的能力。」要養成這種「全方位」的閱讀素養，「除一般語文理解與運用能力外，還需能夠反思閱讀內容、建構意義、和對閱讀內容或形式進行批判。」[37]具體的說，要透過課堂有計畫的教學，來教育學生能夠「積極統整前後文意，正確理解文章修辭技巧，嘗試推論作者動機與文章觀點。」[38]其中，「文章修辭技巧」與敘述策略和理解概念有莫大的關聯性，這部分是臺灣歷史教學所未能重視的部分，此正也是筆者希望能推廣歷史閱讀素養的原因所在。

　　更重要的是：長期處在不同意識形態衝擊，甚至彼此因爲觀點不同而導致相互猜忌、懷疑的臺灣社會，如果能善用歷史學所可培養的閱讀素養，透過「神入」，將可理解對方之所以會有不同立場言論的產生基礎，進而同情地思考兩者是否有相同的對話基礎；透過「證據」，不會人云亦云的隨便受人影響，認爲所有的觀點應要有所本，且來自於堅實的論述理論，不要一直活在充滿想像的懷疑與恐懼；透過「陳述」，希望能改變慣常使用充滿威脅、蠱惑激情話語的言論環境，且運用激情的言論，都只是講給跟自己意見相同的人聽，根本不想與持不同意見人群的進行對話，善用「陳述」概念，此將會讓我們學習到更適切的理性表達內涵，可以更理性且有自信地跟別人討論；最後，還要善用多種敘述策略，跟一同生活在這塊土地上的住民論述討論出：如何共同創造出更美好的未來，並勇敢且理性地向全世界的人類論述：我們存在的價值與尊重我們生活方式的必要。因此筆者認爲歷史敘述策略和理解概念不僅要教授，還要在課堂上教授，更要讓它成爲必備的重要公民素養。於是筆者緊接著設計以提升學生閱讀素養爲核心理念的教學方案，在本書的下一部分，與讀者分享。

第二部分：實務篇

第五章
讓閱讀改變傳統歷史教學法

　　「歷史教材教法」此一課題，關係著「要教什麼？」與「如何教？」兩大部分。關於「歷史要教什麼？」此一課題，既然歷史學包涵歷史重要事件內容與建構歷史事件的策略和方法兩者，教授歷史也應掌握上述這兩大內涵，既要學生能學習歷史重要事件內容，又可了解如何建構歷史事件的策略與方法，且歷史學因為包涵上述兩者，兩者正為歷史學的一體兩面，故應讓學生能同時習得，而不應分開學習。筆者認為要讓學生能夠真正地學習到歷史的兩大層次的內涵，須認真思考教學法所能達到的效果。為讓讀者能更清楚教學方法的重要，就讓我們從檢討傳統講述教學法開始。

第一節　傳統講述教學法的困境

　　傳統講述法的教學，教師常以教科書內容爲教學重點，此種教學法多集中在第一層次重要歷史事實的提供上，對於如何強化與培養學生學習如何建構歷史的策略與方法，則需要教師在教學上多所補強。而值得注意的是，若實際歷史教學現場的教學方法，採用講述法的方式，認爲歷史學習是讓學生記誦、抄錄教師的講述重點，則會更容易使學生以爲歷史學習即是記憶一些重要的人、事、物上，如此將會讓學習停留在第一層次歷史事實的記憶上。加上使用講述法的教師常爲讓學生能更清楚教學內容，除了口頭講述，也多將重要歷史重點綱舉目張地標示在黑板上，學生很自然地認爲：黑板上的歷史知識，就是學習重點，這些重點也就等於歷史學本身，以致學生所習得的僅是教師所提供的片段歷史知識。

　　上述講述教學法，可說是歷史教科書內容的重點摘要；教師普遍多以教科書內容作爲講授重點，透過教科書所提供的歷史脈絡，再補充相關史實與其他歷史觀點，好讓同學能在課後自行閱讀教科書能更清楚掌握重點，故一位好老師的定義，就是能以教科書爲基礎脈絡，清晰地交代課本內容，適當地補充相關歷史知識，且能夠整理成表格與具有層次的清楚架構，好讓學生能夠記憶背誦。這種教學法，在一綱多本的體制下，很容易出現教與學的困難。[1]

　　在一綱多本的教科書出版制度下，不同版本的內容與敘述策略皆有所差異，若師生認爲歷史學習就是教師上課所講述的重點與教科書所記載的內容者，學生則需努力閱讀不同版本的教材，教師則需極盡所能地補充其他版本的內容，讓歷史教學的教師與學生陷入疲於奔命的焦慮與恐懼困境。更重要的是，如此努力的教學，其所教學的內容，都還是片段的歷史知識；且此種教學方法，列舉若干歷史事件與相關因果背景等因素，透過條列幾項歷史事件，能否呈現歷史的發展脈絡已有問題，更遑論要讓學生能理解如何建構歷史事件的策略與方法了。

　　有些教師發現講述法所呈現上對下的「講光抄」模式，容易讓學生感到無趣與沉悶，所以有些教師也在講述歷史之前，先拋出一些問題，一方面讓學生思

考，一方面方便之後歷史教學講述的進行，這種教學法，的確部分改變講述法的單調模式，但如果要論其教學效果，似乎僅在引起動機層次，學生在課堂上所習得的歷史知識，仍是以教師口頭講述內容為主，且學生要如何回答教師所提出的問題？是根據教科書？還是常識？還是教師的講述？嚴格地說，這些問題內容僅能刺激學生思考，但在沒有提供相關文本資料的前提下，這種思考都不可算是歷史思維。且口頭的發問，沒有提供文字資料給學生閱讀，沒有確切的討論思考基礎，如何讓學生能更深入理解相關內容呢？

　　然上述可以「引起動機」的講述教學法的改良模式，卻有些優點值得肯定，教師透過提問，讓同學可以認識歷史知識的建構，是透過問題意識而非「渾然天成」，或許此可讓同學跳脫歷史是客觀真理呈現的概念；且能讓聰明的學生意識到，不同的問題，即是不同歷史議題與歷史思考角度的呈現。此種教學法，對於提升同學學習歷史的興趣與增進思考能力有所助益，但若能提供適合學生進行歷史思維的材料與問題，像歷史教科書內容寫些什麼？為何會如此書寫？這是何人的立場？是為了甚麼目的？等上述幾個問題來讓學生思考，一方面可喚起同學學習的興趣，也運用學生手邊普遍皆有的教科書教材，此為既方便又好操作實踐的教學策略。

　　將教科書作為閱讀教材，並透過問題以幫助同學透過閱讀以進行思考，則不僅可確認同學是否學習到歷史重要事件與內容，也可教導學生培養如何建構歷史事件的策略與方法。而教師若善於廣泛蒐集不同教科書版本的內容，將不同版本對於同一歷史事件的不同紀錄，一併讓學生分析其同異，更可衝擊學生根深蒂固「教科書即是真理」的成見，此也是在一綱多本的教科書出版制度下，聰明的方便作法。

　　再者，歷史教學不是當前出版書籍相關知識的教授灌輸，它是過去時空脈絡的「神入」理解，然學生常是以自我的認知體系，來思考過去歷史的發展。所以，教師必須能引出學生已具備的先備知識，並且能在這個學習基礎上，透過適當的技巧，讓學生能更理解過去的時空脈絡，以繼續自己的教學。為要讓同學能更理解不同時空脈絡下的歷史發展，教師必須能在某些主題上作深度的探討，提

出很多相同概念的實例，並且提供一個穩固事實性知識的基礎。所以，教師應針對相關主題，適時提供文本資料，尤其是有關歷史人物當時時空脈絡的相關訊息與當時的第一手史料紀錄，這些都是非常有助於學生建構歷史知識與時空脈絡觀點的「證據」。由於歷史學科是知識建構的學習歷程，教師除教授重要歷史事件內容外，更應該提供學生有助於學習歷史核心概念與敘述策略的相關素材，再透過教師精心設計的問題，讓學生在後設認知技巧的協助下，除了解歷史事件內容外，也能更深入歷史學的內涵。[2]

筆者上述非全以教科書作為歷史教學的教授內容，而是提供不同文本資料，來讓同學閱讀並建構當時歷史情境的教學方法，當今美國史丹佛大學的歷史教育學者Sam Wineburg可謂是此種教學設計的翹楚，他曾就8個與美國教科書相關的議題，設計出給美國高中生閱讀的歷史教育教材，希望美國中學生透過閱讀不同的文本資料，來培養有關歷史文本來源與建構歷史脈絡的閱讀能力。[3] Wineburg在每個單元都提供非常豐富的原始史料，這些資料的內容都非教科書所提供，甚至內容與教科書所呈現的結果有相當的差異。透過閱讀這些多元且與教科書不同的文本，讓學生編織建構足以理解當時歷史情境的意義脈絡，不僅要學生反省「教科書內容即是真理」此種成見，更希望學生藉由上述教材，能學習「像歷史學者的思考方式」。

Wineburg提出上述歷史教學法，自覺是受到認知心理學革命與英國歷史教育研究的影響，[4]他強烈主張歷史思維並非常識，而是種有待後天培養的能力。他批判很多人主張對過去歷史的認識，應該從現代人的眼光與角度去理解過去的看法，他曾評論：如果歷史學習應該如此，那「歷史應該由現代往過去教」，[5]但如果真的如此教學，就無法真正了解過去的人如何思考問題了，且用現在的標準來評論過去的歷史人物，會使我們的眼光去曲解他們的時代背景。故Wineburg批判這種用現代的眼光去觀看過去的現世主義，是在達到成熟的歷史理解學習時，首要克服的不正確心態。[6]

Wineburg針對不同歷史議題，透過提供多元的原始史料閱讀，希望學生能形成歷史性的理解脈絡，他曾用一個非常有意思的譬喻策略，來說明上述教學設計

的困難，「設計一個歷史推理的方法，就好像編織一個漁網，最困難的工作是在船塢上。如果漁人綁的結對於他們要的獵物來說太大了，那他們就會捕到許多沒有用的生物，而真正的目標卻從魚網中不知不覺地溜走。如果綁的結太小的話，漁網會捕到過多的浮游生物以及海草，以至於遮蔽了比較大的獵物。因此，編織魚網不是一個乏味的工作，而必須對於目標有清楚明確的定義。所以這是一種教學工作的設計，藉由整合這些工作，我們希望探索整理過後的想法，並選擇距離現在不近也不遠的主題來討論。」[7]也因為要找到適當的歷史議題非常不容易，加上討論每個議題所應提供的多元原始史料，需要考量其對中學生的適切性與教育性，這對課務繁重的中學歷史教師而言，都是件難以負荷的重擔；另外，若在臺灣重視升學成績的教學現場，實施上述教學法，僅靠幾個議題，就可以說已讓學生學會臺灣史、中國史或世界史課程，應該會讓教師、學生與家長感到恐慌而望之卻步。這些問題都無形中限制Wineburg歷史教學設計的推廣與普及。

　　為要讓歷史教學不要停留在僅以教科書內容為重點，又能讓歷史概念與策略的學習，在實際歷史課上能夠真正實現，筆者覺得應考量臺灣歷史教學長期存在著學生需要理解教科書內容的「執著」。教學可先以教科書主要敘述內容為脈絡，教師提供與教科書內容相近或差異的多元文本，讓學生藉由閱讀文本，思考相關問題，進而學習歷史思維能力。考量在有限的教學時間限制下，筆者建議長篇的文本資料因為有太多的細節和鬆散的組織，學生很難找到文本內容的主要重點，教師可事先篩選訊息，提供較簡短、且提供意見適切、清楚的相關歷史論述與原始史料，作為培養學生學習歷史概念與策略的教材。[8]

　　教師也須考量學生學習能力的差異性，在一綱多本的教科書出版生態下，教師可善用教科書內容，來作為歷史教學教材，因為教科書是學生最容易接觸到的歷史教材文本，教師不僅要求學生在上課前預習新課程內容，甚至希望學生能學習標記與摘要重點，讓教科書成為可培養學生基礎閱讀能力的讀本，並可在教學過程中，利用教科書教材來設計問題，確認學生是否已熟悉相關歷史重點內容，同時檢測學生的閱讀能力，適時予以協助與輔導。學生在閱讀教科書後，拉近彼此的先備知識，教師則可利用教科書的敘述脈絡，提供與教科書內容記載類

似的文本，增強學生的學習；也可運用與教科書內容記載反差的文本，來「刺激」學生思考。更值得一提的是，當學生解讀文本資料，亦呈現個人理解的差異所在。透過「文本來解讀讀者」，[9]教師將更能深入認識學生，了解學生的差異性，並方便地適時予以協助。教師也可提供不同史學家針對相關歷史議題的研究，擷取適當的部分，讓學生閱讀且判斷作者採用何種敘述策略與陳述何種歷史概念，來培養歷史學特有的思維方式，好讓學生學習歷史核心能力，並增強學生的閱讀素養，以便利學生日後的學習。

第二節　以有效教學爲宗旨

　　當代認知心理學的相關理論，對於如何在課堂上進行有效的學習，已累積相當的實證成果。認知心理學者認爲要讓學習能更有效率與效能，建議教師應改變傳統講述法的教學環境，而將教學環境設計成以「學習者爲中心」、「知識爲中心」、「評量爲中心」、「社群爲中心」。且建議在以學習者爲中心的教室中，老師要注意到每個學生的進度，並且設計出適當的作業。奉行以「學習者爲中心」的老師，要給學生的工作是「剛好能夠應付的難度」——那就是，有足夠的挑戰性，讓他們有興趣繼續，但是不會難到讓他們感到氣餒。[10]另外，日本教育學者佐藤學（さとう まなぶ）對於以學習者爲中心的看法，也值得參考，佐藤學援引後現代主義的觀點，他認爲傳統講述法這種由上而下、單向式的「講光抄」模式，其實是營造一種以教師威權爲中心的作法，因爲語言即是權力的展現，講述教學法讓教師控制著整場的發言權，讓教學現場隔限於封閉的氣氛，且還透過許多規定來壓制學生的發言與竊竊私語，這種單向式講述教學，不僅沒有以學生爲中心，還讓學習能力欠佳的學生，無法表露出他對教材的學習困難，進而導致學生對於學習缺乏興趣，出現逃學與霸凌等現象。[11]

　　要提供一個以「知識爲中心」的教室環境，我們就必須注意到在教什麼（訊息內容，主題），爲何要教（理解），以及怎麼教才能讓學生真正學會相關的知識內容。有效理解知識的學習，不是一味地強化記憶表面的知識，而是創造以「知識爲中心」的環境，故教學須提供必要的深度，來加強學生的知識理解。[12]日本教學學者佐藤學對於以知識爲中心的看法，也值得參考，佐藤學援引布魯納（J. Bruner）的觀點，認爲學習應強調知識如何建構的歷程，教師在課堂上須提供設計有助學生認知的教學活動；佐藤學又再參考以提出探究教學法聞名的美國芝加哥大學教授施瓦布（J.Schwab）的理論，認爲教學除了教授該科學問的重要概念外，也應教授該科學科特有的認識概念、研究方法與表述策略。[13]以上學者的看法，就歷史學習而言，即除了教導記載歷史事實的語意知識，更應教導歷

史事實如何形成與被記載的程序知識與策略知識。

另外，以「評量為中心」是指在教學活動中設計形成性的評量——持續進行的評量，讓教師和學生都能清楚地看到思考歷程。這讓教師與學生都可以透過評量，掌握學生某些先入為主的觀念，了解學生正處在非正規到正規思考歷程的「發展迴廊」中與學習歷程的位置，並且能夠依此設計教學方案，讓形成性評量幫助學生與教師來掌握學習的進度。[14]在臺灣的教學現場，教師要了解學生的學習狀態，常常是透過段考的測驗，或是在段考前，勉強擠出一點時間做的考前複習考，這些評量多是已離之前教學相關內容一段時間之後，且段考評量的結果，常是作為成績考核之用，考後檢討考卷，也僅能以此份考卷內容來幫助學生釐清觀念，其實對於學生哪裡不會？或誰為什麼不會？受限於有限教學時間的教師們，實都難以掌握與挽救。故透過形成性評量，讓同學能在學習的當下，知道自己的問題所在，似乎對學習較有正面的效益。更重要的是，透過學習歷程而非學習結果，來了解學生的學習狀態，更是落實以「學習者為中心」的具體表現。

最後，教師還要營造「社群為中心」的良好學習環境。用一種可以促進知性的同志情誼，以及建立社會感的學習態度，來幫助學生組織他們的工作，讓學生可以透過彼此的知識互相幫助來解決問題。故教師要問學生能夠解答的問題，並且可以提出使團體朝向共同目標和方向前進的建議，讓學生在問題解決的相互合作與理性爭論上，增進認知發展。教師鼓勵學生成立上述的學習社群，這樣的社群可以透過提出問題與思辯問題的歷程，不僅可以知道問題的答案，又可營造出安心與信賴的感覺；也可以發展出藉由個別成員的貢獻，將他們提出有助解決問題的意見，轉化為自我學習的鷹架，此種建立起新想法的模式，將會讓學生對學習感到興奮，並將這種想法運用到課堂學習中。[15]

關於上述兩項實現有效教學的重要方針，日本教育學者佐藤學則提出其著名的「學習共同體」理論，在課堂上落實以「評量為中心」與以「社群為中心」的理念。佐藤學主要參考俄國心理學者維高斯基（L.Vygotsky）的觀點，維高斯基所提出的「近側發展區」理論，挑戰瑞士心理學者皮亞傑（J.Piaget.）的觀點。皮亞傑的兒童發展理論，認為教學必須考量與符合兒童心理認知的實際發展

層次，故學習者的內在認知階段，影響著學習的成果，若忽略兒童的發展層次，一味地實施教學，容易產生揠苗助長的不好效果。此種20世紀中期以來的主流觀點，在1980年代，維高斯基的理論改變這樣的看法，維高斯基強調學習的積極意義，即在激發或引導兒童的潛在能力。傳統的智力測驗所能測得的只是一種靜態封閉的能力，無法測量出人類實際上不斷改變的心智潛能。所以教學，不是增進兒童自己獨力完成的或已經具備的能力，卻是要強化兒童在他人幫助之下的表現與學習的潛力。因此他提出「近側發展區」這個重要的概念，認為在成人或有經驗的學習者的帶領與指導，和有能力的同儕合作下，學生的學習在教師精心設計的問題引導，採取與同學合作的模式，透過互教互學的學習歷程，彼此討論分享，對於學習將有明顯且突破性的成長。[16]若以歷史教學為例，教師所提供的閱讀文本與設計的問題，加上同學彼此的討論與分享自己如何解答的歷程，這是都是讓學生增進學習的鷹架；在筆者的實際教學經驗中，深刻地發現，已對教材有所理解的教師，常忽略學生如何學會的歷程，因為教師常站在「已知」的角度，去闡述他所知道的歷史知識，容易忽略「未知」的學生，要如何才能學會。若透過具有問題意識的閱讀素材與同學間的相互討論，不論已學會或未學會的學生，都嘗試地將自己的思考歷程相互分享，此時教師應讓學生的意見都在學生社群中迴盪，因為學生彼此的程度較為相近，讓學生去回答學生的問題，教師僅要適時地釐清問題的重點，並給與接納與鼓勵，如此將會收到事半功倍的效果。

　　緊接著，筆者即以「學習者為中心」、「知識為中心」、「評量為中心」、「社群為中心」，此四者作為教學主要理念，以筆者實際的教學經驗出發，來討論有效歷史教學方法的實質內涵。首先，要設計「學習者為中心」的教學模式，應讓教學建立在學生既有的知識上，也就是從學生生活上的經驗與非教科書的相關學習上，來喚醒與延續學生的學習。另外，教師也可讓教科書內容作為學生在進入課堂學習前的知識基礎，透過學生在上課前的預習，讓教科書由教本成為讀本，使教科書成為學生的先備知識。且透過預習，甚至鼓勵同學針對教科書內容提出問題，都可讓學生成為學習的主動者，除了充滿學習興趣外，還能覺察自己的學習狀態。筆者建議教師可善用一開始教學的引起動機，因為這是教

師與學生在學習相關課程的開端，也是學生注意力最易集中的時段，若能善加設計引起動機，將對學習有明顯的助益。筆者認為可以考量四個方向：（一）貼近學生經驗、（二）內容富有趣味、（三）呈現反差意象、（四）延伸連結教學。歷史知識充斥於生活當中，電影、歌詞、報刊雜誌、電動玩具等許多學生有興趣的項目，都有著歷史的材料，教師可善加運用，更重要的是，設計有助於歷史學習的問題，讓學生在有學習動機後，更想深入理解相關歷史課程。

再者，設計以「知識為中心」的歷史教學內容，筆者認為教師應重視與擴展教科書的教學功能。教科書除讓學生預習成為學生先備知識外，它也提供較明確的敘述脈絡。依據這個脈絡，教師應提供一些歷史文本素材，讓學生經由閱讀來理解歷史相關事件內容，甚至教師也可透過此文本素材，讓同學能了解相關歷史概念與敘述策略，也就是培養學生的歷史核心能力。所以，所謂以「知識為中心」的教學，是除了事實知識的教導外，也要讓學生有後設的認知學習能力，此即是程序性知識與策略性知識。歷史是一門理解過去的學科，過去事物雖已發生，但相關歷史理解與解釋，才正開始，並留下許多文本資料，這些不同歷史理解與解釋的文本資料。教師若擷取作為教材，並設計問題，讓學生於課堂上閱讀，學生不僅可對相關史實再重複記憶一次，且思考依據歷史核心能力所設計的問題，來分析文本資料，學生除學到能力外，透過不同歷史素材，也可更增添學習上的趣味。

接著討論「評量為中心」的學習，根據學者研究，傳統講述法似乎對學生學習較欠缺效果，反倒是讓學生實際現場演練，或者是以教導別人等方法，學習的效果較有明顯收獲，[17]故透過形成性評量，將有助學生對教材的記憶。且歷史課堂以講述法為主，容易出現若干學習上的限制，最主要是無法引發學生學習動機，歷史思維亦無法完整發展，因為講述法多採一致的故事軸線，無法呈現多種觀點與詮釋。[18]綜上所述，課堂的學習不應是教師講述與學生聽講的被動、單調單向的學習模式。教師可以依據教科書的敘述脈絡，將所提供的歷史文本素材，設計成問題，在課堂上進行以提問模式為主的互動式教學法。教師應該在教學中透過形成性評量的提問，讓教師與學生都能覺察自己教學與學習狀態，且這些文

本素材，雖以教科書脈絡為主，但教師應考量學生的學習程度，更重要應培養學生的閱讀素養，透過提供學生接近教科書程度內容的文本，讓學生掌握文本主旨，甚至理解敘述策略與分析相關歷史概念。另外，教師也可提供不同於教科書觀點的材料，來培養學生分辨不同歷史解釋的能力。此種學習除了讓學生能學習相關專業知識與核心能力外，也可讓學生學習訊息讀取的閱讀能力，這是讓學生日後得以順利學習遷移、培養自學能力與終身學習的重要關鍵。

最後，討論以社群為中心的教學模式，為要提升學生的學習興趣，筆者希望教學仍採分組競賽模式進行，即由教師依據教科書相關脈絡與內容設計問題，以進行形成性評量，讓學生分組進行答題競賽。關於分組競賽的遊戲規則，第一、組成學習共同團隊。筆者參考上學期歷史總成績，找出成績最不理想的同學，為讓這些學習效率欠佳的同學，對日後自己學習與同學的學習，能夠覺察且有點責任感，所以我讓他們當「球隊」老闆，再以美國NBA的選秀精神，讓他們找出以他為首之團隊的黃金組合。這些同學猜拳決定首次選秀順序，先以比他們成績略好的同學，作為遴選對象，以下由此類推，陸續選出學習團隊隊員。由於人選是他自己選的，他有責任也有義務，讓他想要的學習團隊陣容堅強，此時，常看NBA的學生建議第一輪選秀的順序，在第二輪為求公平的考量下，應次序顛倒，我當然順水推舟的接受此建議，只見這些老闆在眾人起鬨下，與自己審慎思考下，在眾人矚目與期待中，找到他心目中的隊員組合，在分數由低至高的選秀安排下，分數最高的若干少數同學，自然成為最後一輪的選秀焦點。

第二：講解得分規則：在上述選秀過程中，其實，筆者已經將學生分為三群，第一群為老闆（低分者），第二群（中間者）人數最多，第三群（高分者）也是6人，這三群在往後回答答對者，依序是3分、2分與1分，也就是，老闆答對問題成績最高，團隊的總成績作為平時成績計算，同一隊者成績一致。設計這樣的目的，是希望在遊戲中，改變以往高分者地位凌駕低分者的成見，讓低分者成為團隊的重要人物，創造鼓勵高分者能幫助低分者的互助學習情境。第三：老師要為歷史教學設計一連串的任務或問題，讓學生回答，以爭取團隊成績，教學遂在遊戲中，主動地進行下去。第四、每次上課前，同學課前須先閱讀教科書：老師應要求與鼓勵學生，先在上課前，已閱讀教科書內容，並有劃線、摘要與評論

或問問題（更佳）等註記，老師依序給上述三者表現的同學，依序有C.B.A三種成績，有預先閱讀教科書，且劃線、摘要進而評論或問問題者，成績最高，屬A級，由此類推。希望透過成績獎勵方式，來引導學生完成此項預習。希望同學在有準備的狀態下，來參與每節學習。尤其筆者最看重能問問題者，此類同學在看完教科書相關內容後，能提出相關問題，就可加分，且加分也依據上述3.2.1的分類方式，目的當然是希望學生，在想要學習、解決問題狀態下，進入課堂學習，來提升學生學習效果。**19**

為培養學生的歷史核心能力，讓教學設計跳脫以往講、抄、背的模式，筆者曾設計與提倡互動式教學法的教學理念。何謂互動式教學法，主要目的是以培養學生帶得走的學習能力為目標。學習的主體是學生，教學是老師和學生互動參與的過程，所以老師應該讓學生清楚地明瞭自己的學習責任。就是先讓學生透過課前預習，透過劃線、摘要或提問等方式，先與教科書內容互動。教師再透過設計過的問題與資料的提問，讓學生與教師所設計的歷史情境互動。要達到此種教學效果，教師所給的資料內容很重要，更重要的是設計歷史教學發展的問題意識，要讓問題與資料呈現出歷史情境的多方角色與立場，呈現出當時歷史人物的選擇與思考判斷依據，若又能呈現不同時空的學者或史料，對此相同歷史事件與人物的不同評價，將會讓歷史教學更加活潑且有趣。因為教師引導學生思考諸多不同歷史解釋背後的立場與時空背景差異，除了更可說明歷史不是學習一堆既定的結果，而是一種人為思想建構的歷程，歷史也是對過去事件的再現，不同學者對相同歷史事件，往往會有不同的看法，因為每個人學養與關懷不同，所看到的歷史將不一樣，且在教學中也可提供若干原始史料，讓學生透過閱讀文本，思考與建構過去的時空脈絡，神入當時歷史人物的時空環境，深入理解歷史人物之所以會如此作為的限制與判斷選擇依據，若歷史教學也可呈現此面相，歷史將會是一門古今對話的有趣多元畫面。

如此教學，不僅可讓歷史人物與場景復活，也可培養學生歷史性因果思維能力，此將會讓教師的歷史教學更有深度與廣度。上述教學設計，是希望能產生三層次的互動：學生與教科書互動、學生與老師互動、歷史人物與情境互動，這就是互動式教學法的設計宗旨。此即是筆者所設計歷史教材教法的主要概念，以下即介紹根據不同主題，所呈現實際的教學內涵。

第六章
設計歷史教材的原則與策略

　　要實施有助於提升閱讀素養與有效歷史學習的教學，除要運用正確的教學方法之外，還要能設計出能夠實施有效教學法的教材，因為良好的教材更是決定歷史教學能否成功有效學習的重要關鍵。要設計有效學習的教材，筆者認為可以從反省以教科書作為唯一教材的傳統教學習慣開始。

第一節　打破教科書為唯一教材的教學習慣

　　關於中學歷史課應該「要教什麼？」，對於臺灣的學生與教師而言，教科書的內容自然是回答此一問題的最直接答案，此一答案即使在目前一綱多本制度下，都是普遍存在於教學現場的實況，所以，歷史教學僅仰賴一本教科書，成為決定課程內容唯一的因素，此一現象在臺灣相當普遍。[1]造成上述現象，我認為主要是因為臺灣長期以來歷史教科書乃是依據相同的課程綱要，故會呈現相近的內容，且這些內容也多是大考的出題範圍，所以歷史教科書容易有著「考本」的形象，故臺灣師生在歷史教學上，對於教科書有其「執著」，當然是其來有自。

　　那何謂教科書的內容呢？是一大堆歷史名詞的解釋？或是一連串歷史事件的排列組合嗎？還是重要歷史事件的既定因果關係與影響的呈現呢？如果是一大堆歷史名詞的解釋，那歷史課教學跟讀國文課本課文中的注釋一樣。如果是一連串歷史事件的排列組合，那歷史課本僅需要大事年表即可。如果是重要歷史事件的既定因果關係與影響的呈現，那閱讀坊間參考書即可取代歷史課堂的教授。

　　然以上三者，不都是教科書的主要內容嗎？在一綱多本制度下，各出版社的教科書，都是作者依據同一份課綱內容所編寫出的作品。如果，歷史是過去事件的排列組合，那為何每個版本的寫法都不相同呢？如果，教科書的作者都是依據相同的課綱，那為何每一版本的內容都不一樣呢？要解釋上述現象，需要回歸「何謂歷史？」這一個重要命題，因為歷史知識有兩個基本概念：第一層次的概念——實質概念，意即歷史之重要事實內容；第二層次的概念——即如何呈現歷史的概念與策略。就算歷史課綱規定教科書應有的歷史內容是固定的，但因為敘述歷史與建構歷史的策略與概念不同，所呈現出的歷史自然就不一樣。由此可知，教授歷史的教材，不應僅是以教科書的事件內容為主，應該提供足以讓學生也能學習了解建構歷史的策略與方法。為要讓教材設計有所依歸，且能落實學習有關歷史建構的知識、策略與概念，筆者認為歷史課綱是教材設計的的重要參考依據，因為它除了提供學生應知道的相關歷史概念與知識外，還認為歷史核心能力是重要的學習內涵。

第二節　扣緊核心能力作爲教材設計原則

　　歷史核心能力的提出，始見於95歷史課綱，其間雖歷經95、98、100課綱的更迭，但其主要概念仍是以：時序、歷史理解、歷史解釋、史料分析四者爲主，此四者在100課綱，爲求能更清楚地表達，則改爲表達歷史時序的能力、理解歷史的能力、解釋歷史的能力、運用史料的能力。[2]且在這四類能力，分別附上二至三則的說明。筆者發現這些說明實與英國「新歷史科」運動所提出的歷史重要關鍵概念有密切的關係。像表達歷史時序的能力（一）能運用各種時間術語描述過去，並認識幾種主要的歷史分期方式。此即是指「時序」能力。而其第（二）項說明能認知過去與現在的不同，並建立過去與現在的關聯性，則與「變遷」概念相近。在理解歷史的能力（二）能設身處地了解歷史事件或歷史現象，此則與「神入」概念相近。而在解釋歷史的能力第（一）項能對歷史事件的因果關係提出解釋，即是指「因果」概念。另外，在運用史料的能力的（二）能辨別史料作爲解釋證據的適切性，即指「證據」概念；（三）能應用史料，藉以形成新的問題視野或書寫自己的歷史敘述，爲「陳述」概念。

　　經由上述的分析，筆者不禁要問：上述六項歷史核心概念，爲何僅有「時序」一項是獨立列出，其餘五項則分列於其他三者之下？雖說許多學者都認爲「時序」概念可作爲歷史重要概念中的首位，但「變遷」概念卻是最早被列入歷史核心概念者，「因果」概念則是最常出現於歷史課堂教授者。[3]且理解歷史的能力與解釋歷史的能力兩者分類仍不夠明顯，因爲當我們以特定歷史脈絡去理解過去歷史時，其實也是在解釋過去歷史的發展。如果理解歷史的能力是單指「神入」過去的歷史發展脈絡，那「因果」概念不也是建構過去歷史發展脈絡的重要概念之一？如果解釋歷史的能力以「因果」概念爲主，不同於理解歷史的能力是以「神入」過去的歷史發展脈絡爲主，因爲「因果」概念較偏重於「後設」的認知，那爲何不將「時序」、「變遷」等概念一併納入。由此可知，100課綱中歷史核心能力的分類與說明，針對歷史教學與歷史能力的培養，未能清楚標明「時

序」、「神入」、「變遷」、「因果」、「證據」、「陳述」這六個歷史學特有的理解概念，而僅以含糊的歷史理解與歷史解釋來做標題，此對學生的歷史能力培養，不僅沒有明顯助益，似乎很容易形成阻礙。

再者，筆者想討論「運用史料」此核心能力的問題。歷史學知識的建構，實依憑於史料的分析，且是史學家從眾多異質史料中，透過複雜的辯證與建構出歷史意義網絡下，並選擇讓若干重要史料作為其立論的主要依據。嚴格地說：「時序」、「神入」、「變遷／延續」、「因果」、「證據」、「陳述」這六個歷史學特有的理解概念，都是在「運用史料的能力」此一能力下才能展現。再者，在中學的歷史教學課程中，要讓同學能像運用史料的能力中第（一）項說明，能根據主題，進行史料蒐集的工作。無論是在能力與時間安排上，此都似乎有困難。且史料的運用，不應僅限於蒐集而已，它尚須有考據、辨析等能力的培養。更實際的說：對中學生而言，透過史料而能培養出「證據」、「陳述」這兩個歷史學理解概念已屬難得，且直接標明出「證據」、「陳述」，比「運用史料的能力」更讓學生清楚所要培養的能力為何，故筆者建議以「證據」、「陳述」作為主要培養的歷史核心能力重點，應是較為可行的作法。

另外，最接近中學生歷史學習者，應是教科書與圖書館或當前出版市場的歷史著作，這些以現在通俗文字所記錄的歷史素材，都是同學理解歷史的重要「文本」，甚至以後現代史學的觀點，史料也是種「文本」。故筆者主張歷史核心能力與其標列「運用史料的能力」，不如改列「文本閱讀的能力」一項，將理解文本內容的敘述主旨與敘述策略，列為主要養成的能力項目。且標舉「文本閱讀」一項，作為歷史教學所要培養的能力，不只是重視學生閱讀能力的培養，更是強化學生的自學能力。[4]

根據上述的分析，筆者建議關於培養學生應具備的歷史核心能力，需從歷史的兩層意義來分析，歷史的第一層意義是指過去發生的人、事、物，第二層意義則是對於過去發生事物的敘述與理解。上述兩層意義，若以認知心理學的理論來分析，第一層意義是指語意知識，第二層意義則為程序知識與策略知識。歷史學不可「離事而言理」，過去發生的歷史事物（事），雖說僅是歷史的表層意

義，但它卻是認識與學習第二層意義（理）的重要入手處。教師教導學生認識過去的事物，要教導這些過去的人、事、物，除了簡單地描述外，還應提供其他閱讀文本，以讓學生學習到這些歷史事物可如何評價與如何解釋，再更深入者，則可讓學生理解史學家闡述這些過去事物，是採取哪些歷史概念與運用哪些敘述策略，如果歷史教學能讓學生透過閱讀文本，而由表層到深層學習到歷史的兩層意義，那學生即可稱得上是從「事」而學到「理」，這些都是歷史教學所要提供的能力所在。以下便從表層到深層來介紹歷史核心能力：

（一）歷史理解

能掌握相關歷史發展的人、事、物內容與歷史意義。

（二）歷史解釋

1.能對相關歷史事件、現象或人物的不同重要性提出評價。
2.能分辨不同的歷史解釋，說明歷史解釋之所以不同的原因。

（三）歷史概念

1.時序：能運用各種時間術語描述過去，並認識幾種主要的歷史分期方式。
2.變遷／延續：能認知過去與現在的不同，並建立過去與現在的關聯性。
3.因果：能對歷史事件的因果關係提出解釋。
4.神入：能設身處地了解歷史事件或歷史現象。
5.證據：能辨別文本作為解釋證據的適切性。
6.陳述：能應用文本，藉以形成新的問題視野或書寫自己的歷史敘述。

（四）文本閱讀

1.能從閱讀文本，了解其敘述主旨

2.能從閱讀文本，了解作者敘述歷史觀點的「考證」、「舉例」、「敘事」、「比較」、「譬喻」、「褒貶」、「史論」等策略

上述四項歷史核心能力的指標，正是設計歷史教材與設計相關問題的主要取材方向。

第三節　歷史教材的設計策略

習慣地採取命定式與第三者角度的歷史教科書，作為歷史學習教材，僅適合傳統講述法的教學，對於歷史學知識的擴充與核心能力的培養，難有明顯的助益。但歷史教學若偏離教科書內容甚遠，也容易引發師生學習的恐懼。所以筆者認為要設計適合歷史學習的教材，首應結合學生的學習環境，尤其一綱多本的架構下，坊間流通的教科書內容，皆是可使用的教材來源。首先教師應先將教學章節，區分若干主題，讓學生知道所要學習的歷史知識，實由幾個重要概念所組成，而每一個主題即是教師設計教材的重點所在。

若以師生共同使用的教科書來說，教師採用講述法，並在黑板上條列重點，進而補充相關概念，讓學生在課堂抄錄以便記憶，此種教學法教師扮演著「導讀者」與「整理者」的角色，實不知學生是否學會了什麼？且教學大部分時間花在抄寫上，頂多記憶課本內容，無法進行第二層次的學習。但若以教科書為教材，透過閱讀素養的內涵來設計問題，如：運用預測、詢問主旨、重新將段落重組排序等方式，不僅可確知學生是否能理解課文重要知識與概念內涵（PISA閱讀素養的擷取與檢索層次），也可增強學生整體理解文句的能力（PISA閱讀素養的統整與解釋層次），此種教學法可以確認學生是否真的了解本單元的歷史知識重點，也可培養學生的閱讀素養。

而如果教師採用其他版本的教科書教材，則學習效果將會更大。因為不同教科書有不同的敘述風格，可以讓學生有更豐富的閱讀經驗，且不同教科書對於事件發生的不同解釋，若一同呈現讓學生分析討論其間的異同，除了可增強學生整體理解文句的能力（PISA閱讀素養的統整與解釋層次）外，亦是培養學生歷史解釋能力的良好素材。若還可看出書寫者背後的不同目的與意識形態，則就進入PISA閱讀素養的最高層次省思與評鑑。同樣地，教科書文字旁邊的圖象與補充史料，還有國文、英文科等具有歷史時代意義的相關教科書課文，甚至坊間的歷史書籍（包括歷史小說）與網路相關討論資料，都可作為教材。若資料與教科

書觀點一致者，可以再次強化學生理解對當前主流意見的看法；若是資料觀點與教科書相異者，則可讓學生認識歷史解釋的多樣性，進而再讓學生分析彼此不同的原因，更讓學生認識歷史知識非固定天生，實為建構而成的特色。

　　另外，筆者更推薦教師應讓歷史名著內容作為教材，歷史是種史家透過證據重建過去的歷程，故要認識歷史相關的第一層次與第二層次知識，歷史名著是最適合的教材。在歷史著作中，史學家有論證的過程，此與「時序」、「神入」、「變遷／延續」、「因果」、「證據」、「陳述」這六個歷史學特有的理解概念密切相關；史學家希望讀者能認同他的討論，故會透過論述運用「考證」、「舉例」、「敘事」、「比較」、「譬喻」、「褒貶」、「史論」等策略。教師若將相關資料讓學生閱讀，並讓學生分析其是運用何種概念與策略，學生將不僅理解歷史的發生經過與結果影響，更學習到歷史知識之所以會是如此的如何與為何，很自然地增加歷史學習的深度和廣度（PISA閱讀素養的省思與評鑑層次）。此也可讓學生理解歷史是透過許多史家努力所建構而成，教師亦可放入相關史家的寫作背景與學說理論，作為教材，不僅會讓學生了解史學觀點的內涵，而會有增強學生嚮往學習的動機。

　　最後，筆者想回答各位讀者一個隱藏已久的問題，上述以閱讀為主的教材設計法，是否有學生年紀的限制？筆者想藉此跟讀者們說明，首先歷史與思考密不可分，若僅有教授歷史知識，實不可說是在教歷史，且認為學生的歷史學習是否會受皮亞傑心理學理論所云認知能力將會受到年紀的影響，以目前的學術研究顯示，影響學生的學習，重要的不是年紀，而是教學方法。此種結論，不論是在英國與美國，甚至臺灣都有相關的實證研究，學者發現大約從7歲處在小學階段的學生，已開始發展歷史的探究能力，故應在教授歷史知識的同時，也應培養歷史的思考能力。[5]且透過有經驗教師提供的閱讀文本，再運用日本學者佐藤學所鼓吹的課堂上的合作學習討論，經由教師與學生間往復討論所形成展現學習歷程，上述這些精心設計所搭設的學習鷹架，將更可增強與順暢學生的學習。最後筆者想提醒想實踐以閱讀素養為設計理念的歷史教師們，上述這些閱讀教材的文字敘述，雖擷取於教科書、歷史名著等內容，然教師應考量學生的理解程度，在

不傷害文意的原則下，可以進行最適合學生理解的改寫，此將會對學生歷史學習
更加順暢。

第七章
培養閱讀素養的歷史教材

　　綜合上述的說明與討論，筆者再次重申中學歷史學的教學，不僅應改變傳統講述法為主的模式，更應運用閱讀素養的概念，設計以教科書課文內容為脈絡的教材，採取以「學習者為中心」、「知識為中心」、「評量為中心」、「社群為中心」的有效教學法，以進行教學。由於實施有效教學法的歷史學科學習，不僅認為要讓學生理解相關歷史知識，也要培養歷史核心能力，更要學習歷史學之所以形成的歷史概念與敘述策略，這些屬於第二層次的歷史學習內容，非是歷史表象的知識內容，實涉及知識之所以如此的後設認知，且教材取材結合學生程度與學習環境，故正是增強學生閱讀素養的良好教材。以下三節即以臺灣史、中國史與世界史的一段章節內容，作為設計教材的範圍，並提供實際可供有效教學的素材，希望能收拋磚引玉之效。

第一節　臺灣史教學設計：以—日本統治初期歷史爲例

一、教學重點

本單元主要以甲午戰爭爆發後割讓臺灣的歷史發展爲主，教學重點有：（一）甲午戰爭的爆發與影響。（二）臺灣民主國的成立與結束。（三）日治初期的臺民抗日活動。（四）日治初期的治臺策略。

二、引起動機

先請同學閱讀一則資料

「截止至西元1897年5月8日，大約有6,500人離開臺灣返回中國，其中有的是像林姓地主，主要是爲自保，也有的是打算先避開日本人的箝制，以便將來爲臺灣做一點事。」[1]

1.請問促成上述臺人離開臺灣者，主要是因爲何事的發生？

2.爲何資料要寫到「1897年5月8日截止」，請問這個時間有何重要意義？

3.請問上述資料對這些離臺的同胞們，採取何種態度？

(A)表示輕蔑　(B)同情諒解　(C)毫無感覺　(D)非常讚揚

上述題目答案分別是甲午戰後簽訂馬關條約、日本占領臺灣後，給臺民兩年自由遷移的期限，第三題答案是B。可以藉此問問同學你如何評價這些離臺的

民眾？你認爲他們的社會階層應該會是什麼？本段資料摘錄自小學生的課外歷史讀物，很可能是教室內許多同學的少年時讀物，若有同學以前已看過，事隔多年之後，再去閱讀，同學看法是否有所轉變？爲什麼會不一樣，討論這個問題是一個有趣的議題。

三、進入主題

（一）甲午戰爭的爆發與影響

從閱讀一段課文開始：

> 日本自明治維新以後，擴張海外的野心日益熾烈。牡丹社事件後，於1894年發動甲午戰爭，擊敗中國。翌年（光緒21年，歲次乙未），清廷被迫簽訂《馬關條約》，割讓遼東半島及臺灣、澎湖予日本。俄國唯恐日本據有遼東半島將阻礙其南進之路，乃聯合德國和法國出面干涉還遼，最後由清廷以三千萬兩贖回，但臺灣終歸日本所有。[2]

請依上述文意，將下列文句加以排序：

甲午戰敗清廷被迫簽約 -- □

俄國發動三國干涉還遼 -- □

臺灣被迫割讓與日本 -- □

日本明治維新後積極向外侵略 -- □

　　本題答案爲2341，此題主要是測驗文本閱讀能力，屬PISA統整與解釋的層次。透過排序，學生很快就能掌握事件發生的前因後果，且透過測驗也可了解學生是否能讀懂教科書的相關內容，是種方便且有效的培養閱讀素養方式。

　　再閱讀一段資料：

　　旅順淪陷後，日本知名啟蒙學者福澤諭吉所創辦的慶應義塾，在聽聞此消息後，興奮的學生遂在雪地中，高聲歡唱的部份歌詞內容：「文明與野蠻如血與炭，實無長久融合的希望，遲早要降一場血雨，雨後天空才能晴朗，正當如此思慮的時候，懲罰野蠻的時機到來，文明軍隊所向無敵，旌頭直指陸地大海。」**3**

問題1：請問上述學生主要在歌頌甚麼？

(A)日本國慶紀念　(B)提出脫亞入歐　(C)爆發黑船事件　(D)對華戰爭勝利

問題2.上述歌詞中何謂文明？何謂野蠻？

(A)文明指美國，野蠻指歐洲　(B)文明指日本，野蠻指中國

(C)文明指中國，野蠻指歐洲　(D)文明指日本，野蠻指俄國

問題3.上述文句流露何種時代觀點？

(A)社會達爾文主義　(B)重商主義　(C)無政府社會主義　(D)民族自決思想

　　上述問題的參考答案：1.D日本對華戰爭勝利。2.B文明指以新式西方武力擴張的日本，野蠻指軍事政治仍落後的中國。3.A強調弱肉強食的社會達爾文主義。試題設計是從文本閱讀以進行歷史理解。討論這段歷史，常會採取被征服者的立場去理解，換個角度，看事情較為全面、有趣。再讀一段資料：

　　甲午戰爭日軍攻占旅順，在旅順持續四天三夜大屠殺，保守估計被殺了兩萬多人，據目睹過程的英國學者胡蘭德記載：全市僅存36人，這些人乃是為埋葬屍體而留，每個人帽子上都寫著：「此人不可殺戮」。**4**

請問如何解讀上述資料？

(A)懷疑概念：日本為文明先進國家，不可能做如此殘暴血腥之事

(B)批判概念上述資料明顯矛盾，一邊執行屠殺另一邊卻在歡唱

(C)時序概念：日本受當時流行思潮影響，此時屠殺俘虜極為普遍

(D)神入概念：日本受當時新帝國主義影響，對弱國執行殺戮侵略

　　本題答案為D，透過閱讀測驗同學歷史概念中的「神入」概念。屠殺戰俘以現在的眼光來看，自然是件值得批判的事，但歷史學習要先能同情理解，為何當時自以為文明的日本，要對戰俘施以如此激烈的惡行。更重要的是：同情理解不是要我們肯定或接納，是要我們進入當時時空脈絡來作歷史思考。

　　日本外相陸奧宗光曾在他回憶錄提到發生甲午戰爭的原因：「如果默視不顧，就將使中日兩國在朝鮮不平衡的態勢更為嚴重，我國今後對朝鮮的問題就只有聽憑中國為所欲為了。而且日朝條約的精神也有遭到破壞的危險。因此如果中國確有向朝鮮派遣軍隊的事實，不論用任何名義，我國也必須向朝鮮派遣相當的軍隊，以備不測，並維持中日兩國在朝鮮的均勢。」[5]
請問陸奧如何解釋日本發動戰爭的原因？
(A)為懲罰中國往年的錯誤　　(B)為維持日本在朝鮮利益
(C)為讓日本成為亞洲強權　　(D)為征服朝鮮並納為己有

　　本題答案為B，本試題設計是希望透過文本閱讀，幫助同學培養歷史解釋的能力，請記住這是日本外相的對外說法，不見得就是正確，他提出如此說法，當然有為日本發動戰爭一事，加以緩頰的用意。甲午戰後，緊接著中日雙方簽訂和約，可以透過文本資料，讓同學了解彼此的角力與國際勢力的介入過程。

　　資料1：日本政教社創始人三宅雪嶺發表《我對遼東時局的看法》提到：「歸還遼東既有損面子，又喪失一勝利成果。」他嚴辭質問陸奧等人：「百戰百勝反而招致了外來的侮辱，其責任到底在哪裡？」[6]
　　資料2：俄國財政大臣鼓動沙皇尼古拉二世說：「假如日本人在大陸上獲得鞏固的立足點，我們將毀掉一切的成就，以及您的尊敬的父親曾經作

過崇高巨大的努力，但尚未實現的極其宏偉的事業。」**7**

　　資料3：甲午戰後俄國外交部正式向日本表達下列看法：「如日本不接受此忠告，俄國將聯合三國對日本在海上採取共同軍事行動，以切斷日軍從中國大陸與其本國的一切交通，使它孤立。」**8**

問題1.請問上述資料主要在討論甲午戰後的哪一主題？
(A)日俄戰爭　　(B)占領朝鮮　　(C)割讓臺灣　　(D)干涉還遼

問題2.請問資料2所指的立足點為何？又為何會毀掉一切的成就？
(A)立足點指山東半島，俄國將無法在黃海擴張勢力
(B)立足點指遼東半島，俄國將無法在黃海擴張勢力
(C)立足點指山東半島，俄國將無法在南海擴張勢力
(D)立足點指遼東半島，俄國將無法在南海擴張勢力

問題3.請問資料1所主要表達當時日本國內對此事的意見為何？並請思考日本最後會如何解決？
(A)日本國內深感不滿，內閣遂決定向列強宣戰
(B)日本國內深感光榮，內閣遂決定與中國談和
(C)日本國內深感不滿，決定逼迫中國補償損失
(D)日本國內深感光榮，決定加速西化建設進程

　　上述題目的答案，分別是：1.D三國干涉還遼。2.B立足點指遼東半島，此若落入日本之手，俄國之前所獲得東亞出海口海參威，將受日本威脅控制。3.C日本國內對干涉還遼相當不滿，會將一切的損失轉嫁給中國，要求中國退讓更多的利益給日本，作為補償。

（二）臺灣民主國的成立與結束

再閱讀一段課文內容：

　　康有為邀集當時在京應試各省舉人，要求清廷拒和、遷都、變法，以挽救危局。臺灣紳民更爭相走告，誓死反對割臺。但清廷自開戰以後，每戰皆敗，列強又隔岸觀火，情勢險峻，以致割臺遂成定局。1895年5月，日本以樺山資紀為首任臺灣總督，率軍來臺接收；臺民聞訊，決心抗拒。之後，在丘逢甲等人倡導下，倉促成立臺灣民主國。[9]

請依上述文意，將下列文句加以排序：

清廷頻遭外患進逼 -- □

日本出兵進駐臺灣 -- □

臺灣官紳被迫獨立建國 -- □

中國仕紳拒絕割讓臺灣 -- □

　　本題答案是2341。此題主要是測驗文本閱讀能力，屬PISA統整與解釋的層次。以往歷史教學教師常須在黑板上依序列出事件的前因後果，學生就僅能依序抄錄再予以背誦，不如透過上述培養閱讀素養的試題，讓學生理解歷史事件的發生經過。

　　當傳出清朝將割讓臺灣的消息時，臺灣社會流傳以下兩段資料：

　　資料一：《臺省民主歌》：「欽差告老到家中，壞（敗壞）伊（他）手尾（接續善後）唐景崧（崧），臺灣千軍萬馬將，一時反背（叛）心奸雄（刻薄、可怕）。鴻章東洋通（暗通）日本，卜征（想要出賣）滿州光緒君，在伊打算一半允（穩當），望卜（想要）江山對半分。」[10]

　　資料二：傳聞李鴻章曾告訴慈禧太后說：「臺灣乃蠻荒瘴癘之區，蠻荒之島，鳥不語，花不香，山不清，水不秀，島上化外之民，男無情，女

無義，棄之不足惜。」**11**

問題1：請問上述兩則資料，都傳達下列哪一訊息？

(A)清朝不希望割讓臺灣　(B)李鴻章是割臺的罪人

(C)日本其實不想要臺灣　(D)慈禧太后不喜歡光緒

問題2：請問上述兩段資料，適合作為下列何者的證據

(A)臺灣為何會被割讓　(B)臺灣民主國的建立

(C)臺灣被割讓的歷程　(D)割臺時的臺灣輿論

　　本題答案為B與D，流行歌謠與謠言，可以作為理解當時社會民心的文本資料，第1題測驗文本閱讀能力，第2題則測驗學生歷史概念中的「證據」概念。教師也可再問同學：是否有哪些你知道的史實，也表達同樣的看法。在筆者的教學經驗裡，許多同學想到丘逢甲的名言：「宰相有權可割地，孤臣無力以回天。」這三則資料，都可作為當時臺人輿論普遍認為李鴻章是割臺的主要罪人何者的證據。承續上題，再讓學生閱讀一則史料：

　　「昨接唐撫電，敵未來犯，軍民心固似可堅守。鴻斷不敢輕允割棄，但窺日意，仍逐日由廣島運兵出口，恐添赴臺，將有南北併吞之志。旨飭讓地以一處為斷，即是正論，自應如此立言，不知將來能否辦到。可俟會議時，查酌妥議，似難由我預為決定。總之，敵所已據處，爭回一分是一分；其所未據處，絲毫斷不放鬆也。」**12**

　　可以詢問同學以下問題：上述史料為當時的電報內容，請問發信人是誰？「唐撫」指哪位歷史人物？最後請同學依據上述三則資料，用50個字以內，來「陳述」你對簽約馬關條約且割讓臺灣的李鴻章，如何評論其功與過。筆者建議要培養學生「陳述」的能力，可以使用「證據三明治」的作法，第一段簡要寫出你認為李鴻章是否是「賣臺」的元凶？第二段則依據上述三則資料，來論述你論

點的依據所在，第三段則再重申你的簡要觀點。[13]上述電報發文者是李鴻章，唐撫是唐景崧，由電報內容可知李鴻章對割臺並無定見，且當甲午戰爭爆發，日本隨即派出艦隊進逼臺灣海域，表現出有勢在必得的態度，透過此題，是希望同學能辨析謠言與輿論中內容的真偽。

　　資料1：鑒於英國在臺灣有巨大的商業利益，張之洞最初向英國建議借款二三千萬，以臺灣作保，並請英人總稅務司赫德和駐英公使龔照瑗進行試探。[14]

　　資料2：唐景崧和陳季同等人在與法國代表商談之後，得知法國對臺的態度是：法國認為若是要為中國爭回土地較為難行，而臺灣要是自主成獨立於清朝的國家，則要幫臺灣就變容易許多，即所謂「臺能自立，則可保護」。[15]

　　資料3：臺灣巡撫唐景崧：「有德人來說，中德交情最厚，向無微嫌，臺事獨未及德，似未周到。因此德領事探商，渠亦以為應有電旨飭許星使向德外部商請阻割臺灣，並由總署向德使籌商。查法德素不相能，今請法不請德，恐德難以為情，致添一層痕跡，似非邦交所宜。」[16]

問題1：

請問上述三則資料，恰可作為下列何篇論文的證據

(A)臺灣民主國成立與國際經濟因素分析

(B)臺灣民主國成立之外國支持因素分析

(C)臺灣民主國成立與清朝中央決策機制

(D)臺灣民主國成立與臺灣獨立意識關係

問題2：閱讀上述資料後，若要理解臺灣民主國此概念的出現，最應參考哪一則資料？

(A)資料1　(B)資料2　(C)資料3　(D)皆無參考價值

　　上述題目的答案，分別是：1.B上述資料都描述臺灣官方與外國交涉，以謀求不被日本占領的過程；2.B，在與法國交涉後，法國提出臺灣官方先告獨立的構想。上述兩題都是透過閱讀來測驗學生歷史概念中的「證據」概念。

　　美國記者戴維森Davidson曾以目擊者的身份，用相當生動的筆觸留下對1895年前後臺北城的相關文字記錄：「新共和國成立的第一天迎接著毛毛細雨，廣大的中國群眾，沒有覺悟到險峻情勢。我原本預期建國這值得紀念的日子，街上應該要擠滿盛裝的遊客，街坊要懸掛滿旗幟、以及充滿熱烈的鞭炮聲。可是正在工作的漂亮製茶女工，不減平日的賣弄風騷；至於製箱、彩繪工人都還是跟平常一樣地工作。街上沒有掛一面新旗，也沒有放爆竹。」[17]

問題1：請問資料描述的共和國所指爲何？

問題2：請問此資料反映當時民眾對建國的態度爲何？

(A)非常關心，積極投入　　(B)毫無所悉，無從感覺

(C)十分反感，不能支持　　(D)獻身建國，準備戰爭

　　上述兩題都屬文本閱讀，若以PISA閱讀素養三層次來分析，第1題屬統整與解釋，第2題爲反省與思考。答案分別是臺灣民主國與B。可見臺灣民主國僅是少數人的政治想像與政策，根本稱不上「共和」。一百多年前臺灣民主國的開國紀念，雖然未受民眾重視，但這個過去的歷史，在今日的臺灣，仍有人想透過網路來紀念他的開國紀念，請看下題：

　　以下是出現在網路上的一則活動簡介：「作爲臺灣民主國遺民之後，我願意虔心紀念民主國那些將鮮血灑在臺灣土地的國殤先烈。 1895年5月25日，臺灣民主國正式宣告成立，宣告成爲一個國家，而且還是一個主權獨立的共和國。所以請您按一下『參加』，代表你願意紀念臺灣民主國的建國115週年。」[18]

　　上述廣告提出一個有趣的問題：「2010年5月25日請問是要準備迎接100周年？還是115周年紀念？」請問為何相同的一天，卻有不同的周年紀念？

(A)上述廣告是錯的，因為紀念日不可能出現不同紀年

(B)上述廣告是個玩笑，因為一天僅能有一種歷史意義

(C)上述廣告具時間感，凸顯出歷史紀年特殊人文意義

(D)上述廣告極有價值，呈現耶穌出生為主的紀年標準

　　本題答案為C，主要是透過閱讀來培養學生歷史概念中的「時序」概念。上述資料出自於現今學生最熟悉的網路資源，網路上有許多具有歷史感的文本資訊，這些資料都是歷史教育的素材，也是希望學生能透過閱讀素養的養成，能適當辨析與理解充斥於自身周遭的訊息。也可以藉此文本資料，詢問學生這篇網路活動的宣傳文字，作者的政治取向應該為何？臺灣民主國的建國紀念日雖然已是過去式，但這個曾經建立的「主權獨立共和國」，此事蹟卻是現在不少臺灣人的深切盼望，經過上述分析應該很容易猜的出作者的可能「顏色」為何了吧。再看一題：

　　關於臺灣民主國的創立，此構想究竟是出自於原服務於清領臺灣省官僚後直接成為臺灣民主國官員的創意決定？還是熟悉外交事務的清朝官員之建議？一直有著不同的爭議，以下是一則關於此爭議的討論意見：「把這個島宣言為民主國，以確保臺灣的構想一出，就急需熟悉國際法及其共和政體的官吏，陳季同是最能勝任者。他在北京參加會議，於天津、上海逗留數日後，這個新被任命的官吏，名目上是外務大臣，實際上是為取得外國承認，組織遵循外國習慣的新共和國，並被認為新選出的總統顧問而渡臺。」**[19]**

問題1.請問上述資料認為「臺灣民主國」此一構想，是何者最先提出？

　(A)原服務清領臺省官員的新創意　(B)清朝熟悉國際外交官員的建議

(C)愛好臺灣外國人士的善意建言　D保家愛鄉臺灣民眾的被迫舉動

問題2.請問上述資料是採何種敍述策略，來論述他的意見？

(A)褒貶　(B)譬喻　(C)考證　(D)比較

　　上述題目答案分別是B與C。兩題都屬文本閱讀層次，第一題若就PISA的閱讀層次而言，乃屬統整與解釋層次，希望學生能從文句中整理陳季同為清朝官員的概念，第二題則是測驗敍述策略，作者在兩種不同看法中，透過考證與推論，認為應是出自中國官員的構想。

（三）日治初期的臺民抗日活動

　　閱讀一段課文：

　　義軍先於桃、竹、苗抵抗失利，之後在八卦山之役，仍是強力抵抗。日軍為求盡速壓制抗日行動，遂調來援兵，從南面夾擊臺南，劉永福逃至廈門。11月18日，樺山資紀宣告平定臺灣全島。五個多月的抵抗中，抗日臺民約一萬四千人犧牲，日軍北白川宮能久親王也在臺身亡，但各地繼起的武裝抗日仍未平息。[20]

請依上述文意，將下列文句加以排序：

臺灣抗日活動依舊持續進行--□

日本最終順利占領臺灣--□

劉永福最後棄守臺灣--□

日軍在桃竹苗地區遭遇嚴重抵抗--□

　　本題答案依序是4321。測驗學生文本閱讀能力，若以PISA閱讀素養三層次來分析，則屬於第二層次統整與解釋。本題主要是希望學生能迅速掌握日本據臺

的主要過程。

　　在得知基隆方面戰敗及唐景崧逃亡的消息之後，以廣東人為守備主力的臺北地方部隊不僅未戰先潰，甚至掠奪臺北、淡水一帶，釀成大亂。以李春生為首的臺北商人，遂聚會討論消弭清軍動亂的對策，辜顯榮自願前往基隆，邀請日軍進駐臺北以收拾亂局。另一方面，在臺北外僑也商議由戴維森等外國人探訪日軍，要求日軍快點回復秩序。日軍採信這些情報而加速進軍，6月7日兵不血刃地進入臺北城。[21]

問題1：請問上述資料主要在談下列哪一歷史議題？
(A)臺灣民主國的成立與覆亡　(B)臺北的現代化建設之始末
(C)日軍進臺北前的混亂脫序　(D)日本屠殺臺北的歷史因素

問題2：請問根據上述資料，讓日軍終能「無血進城」的主要原因為何？
(A)辜顯榮自告奮勇　(B)外國人士的幫忙
(C)日軍不想要屠殺　(D)臺北住民的自救

　　上述兩題答案分別是C與D。第1題屬文本閱讀，主要是測驗學生掌握文義與主旨的閱讀能力，第2題則是培養同學歷史概念中的「因果」概念。以往討論日軍終能無血進臺北城的主因時，常認為是辜顯榮的賣國求榮，多以「漢奸」斥之。但從資料可知當時臺北城形同無政府狀態，人心惶惶下，就算沒有辜顯榮，也有其他外國人會去遊說日軍無血進城，故主因應是臺北居民的自救行為。再看一則相關資料：

　　「自從日軍入城以後，城內外的散勇盜賊都不見了，白天在街上走路當然是安全的。但是臺北街上有許多變化，最醒目的是許多店頭掛上日本國太陽旗，那國旗好像是用白紙紅紙臨時剪製的。太陽旗究竟不像龍旗虎

旗那樣複雜，用一張白紙做底，再用紅紙剪成圓形——譬如用大碗做模—簡單剪圓貼上即可。」**22**

問題1：請問上述資料的論述主旨為何？

(A)日軍進城後的抗日活動發展　(B)日軍進城後的藝文美術發展

(C)日軍進城後臺民的因應調適　(D)日軍進城後的統治策略分析

問題2：請問上述資料所描述的主旨，運用哪一種敘述策略？

(A)比較　(B)譬喻　(C)考證　(D)敘事

　　上述兩題的答案分別是C與D，主要測驗學生文本閱讀的能力。資料出自於歷史小說，作者主要以說故事的筆法，描述臺灣民眾面對日軍進城的反應，此敘事筆法生動，非常傳神地描述當時臺北民眾祈求生存安定的心理狀態。教師也可問同學以下問題：請問應如何「神入」理解資料中臺北城民的舉動？「神入」是種同情的理解，看到臺北城民努力地「製作」日本國旗，若採「神入」的理解角度，將不是無情地批判，或是採用戲謔的眼光，而是同情地理解這一幕歷史的無奈劇。

　　日軍雖無血進城入主臺北，但之後陸續往南，卻遭遇到臺灣民眾激烈的反抗。其中在桃、竹、苗地區，客籍同胞的奮勇抗敵事蹟，最令人動容。

　　以下為詹振、林李成所散發的起義檄文：「第一條大罪：不敬天，不敬神明。第二條大罪：不敬孔子，不惜字紙。第三條大罪：貪官污吏輕百姓。第四條大罪：不重律法私刑罰。第五條大罪：不顧廉恥同禽獸。第六條大罪：不分善惡逆天意。第七條大罪：日本做事同乞食。第八條大罪：放尿要罰錢。第九條大罪：買賣要抽稅。第十條大罪：臺民被迫，奮然起義。」**23**

問題1：請問上述檄文的主要用意為何？

(A)客觀分析日本治臺後對臺民的壓迫　(B)刻意醜化日本治臺後將出現的衝突

(C)主觀盼望臺民能立即歸順日本統治　(D)努力地美化臺灣民主國的內政方針

問題2：請問上述檄文中的「第八條大罪：放尿要罰錢。」應如何解讀？

(A)變遷概念：日本統治臺灣將刻意壓迫臺民，從此人民生活將苦不堪言

(B)因果概念：日本治臺規定放尿要罰錢，此為導致臺民奮而抗日的主因

(C)神入概念：日本重視衛生將取締臺民隨地大小便，自然造成臺民不便

(D)時序概念：日本國會通過法令，在治臺後將大肆落實放尿要罰錢政策

問題3：依據上述第八條內容的設計理念，請問詹振還可以列出哪一項目作為宣傳，也可激起臺人澎湃的抗日意志？

(A)和服　(B)上學　(C)生食　(D)火葬

　　上述題目第一題的答案是B。第一題為文本閱讀，屬PISA閱讀素養中的反省與思考層次。第2題為C，第3題為D，兩則都是培養同學歷史概念中的「神入」概念。詹振所列出「第八條大罪：放尿要罰錢。」首先利用臺日文化的不同，其中重視衛生的日本，取締隨地大小便，原本應屬「文明」的政策，但詹振把他巧妙地「製造」成臺民反日的理由，此點與第三題火葬有異曲同工之妙。依據學者的研究，當時臺灣社會已盛傳日本統治後將採取火葬的可怕，死後火葬成灰，猶如燙死人，一定痛的難受，靈魂不得超生。生前受日本凌辱沒有尊嚴，沒樂趣，死後還會再被燒死一次，更恐怖。[24]

　　學者多認為非選擇題較選擇題，更能測驗出學生的思維能力的差異，筆者也同意上述的意見。然設計選擇題的問題，除了是讓學生能在較短時間內，能透過提問的設計，較快速地閱讀理解本段資料所傳達的訊息，更希望能學生能透過提問與選項所提供資訊，能認識歷史學常關心的問題與問法，以下筆者希望能希望學生換個角度，模擬自己是教師，思考教師面對資料時，會問哪些歷史問題：

在日本據臺初期，日本國內出版的新書中，提到以下觀點：「現在臺灣落入我手，恰給日本擴展的機會，如果統治順利成功，則臺灣作為日本發展的根據地，將是必然的情勢，南望，則菲律賓已在咫尺之間，南洋群島有如卵石之相連，香港、安南、新加坡皆可視為雄飛之地。」**25**

筆者曾經以此問過學生，要求提出「歷史問題」，一開始學生似乎未能清楚掌握何謂「歷史問題」？教師除善加提示與耐心等待外，在學生仍未能回答時，可讓學生閱讀教師提供的參考答案：「1.上述日本出版品對於日本獲得臺灣的態度是？2.上述日本出版品指出：日本在獲得臺灣後，應還要發展何處？3.此觀點正可反映日本日後的哪一政策？」再請學生針對上述問題，提出答案。分別是：樂觀、東南亞、南進政策。再給另一段描述針對日本統治臺灣的資料，再請學生模仿教師問問題：

當時在臺傳教的甘為霖，曾針對日本統治臺灣一事，提出他的看法：「恕我直言，正因為有日本的統治，勤勉聰明和更有效率的福爾摩沙民眾，才得以看到他們的白麵包，有機會塗上奶油。」**26**
請問各位同學在閱讀他的意見後，可以問哪些歷史問題？

在筆者的教學經驗中，這次學生有著明顯的進步了，教師應立即給予肯定，讓學生獲得學習上的增強動力。同樣地，在學生盡其所能地想出一切他們努力想的問題後，教師可公佈參考答案：「1.甘為霖對於日本獲得臺灣的態度是？2.甘為霖如何看待臺灣民眾？3.甘為霖採何種態度看待日本總督府？為什麼？4.甘為霖運用何種敘述策略，表述他的意見？」再請同學針對上述問題，提供答案，分別是：樂觀、勤奮、正面，因為日本西化成功、譬喻。

透過本資料，再次提醒學生在閱讀資料時，可以關注作者對於所描述事物的態度與立場，再深入思考支持他立場的理由何在？還由他運用何種敘述策略？無三不成禮，再讓學生測驗一次：

日本據臺初期，率領第二師團的陸軍將領乃木希典，曾在給友人的
私人信件中，提到他對治理臺灣的看法：「臺灣施政充滿一大堆令人厭煩
的事，加上人民要謀反，這就像叫化子討到馬匹一樣，既養不起，又不會
騎，如此下去實只有被咬、被踢、受氣不說，結果還要成為世間人的笑
柄。」**27**

　　同樣問學生，閱讀陸軍將領乃木希典的意見後，可以問哪些問題？依據筆
者的教學經驗，學生的反應愈來愈精準，且有些同學也關注到敘述策略的問題
了。本題參考答案是：「1.乃木對於日本獲得臺灣的態度是？2.他為什麼會有此
感覺？3.他用何敘述策略來表達他的意見？4.誰是叫化子？何者是馬匹？他為何
會這麼說？5.為何會擔心成為世間人的笑柄？」上述問題的參考答案如下：悲
觀、遇到臺民激烈的抵抗或是水土不服等適應問題、譬喻、叫化子指日本，馬匹
指臺灣，日本在屢次興兵擴張後，國家財政困窘而臺灣一時間又難以妥善治理、
帝國主義能妥善治理殖民地且加以興建改革，將可提升殖民國家的形象，展現日
本帝國的國際威望，反之，則是證明日本尚未稱得上是先進文明國家。教師可再
追問：「為何乃木對治臺的看法跟日本國內出版品的意見有著天壤之別？」很令
人高興地是，也有學生可以清楚地說出：「因為乃木實際來到臺灣，真實且深刻
地遇到治臺的總總問題，而在日本國內的民眾，則對治理臺灣，理想與期待更甚
於現實，故會出現兩種不同看法。」上述問題主要是培養學生「神入」的能力，
歷史教學也可以透過不同歷史人物在同一情境下的不同舉動，來培養學生的歷史
評價與解釋能力，請看下題：

　　「對於引導日軍入城，台北、台南不戰投降一事，一直有著免除生靈
塗炭的說法。從結果上來說，也許是對的。但開城迎敵的原因與心態，文
獻不足徵，不敢臆斷。不過從這些人事後坦然接受新朝之餽贈，且關係密
切來看，其欠缺大慈大悲的宗教情懷，大致可斷定。臺灣改朝換代之際，
無數無名小卒因奮起禦敵而身首異處，為後代所遺忘，相對之下，引導日

軍入臺北城的辜顯榮，一生榮華富貴，還庇蔭子孫數代。」**28**

請問如何正確解讀作者主要傳達的意涵所在？

(A)十分肯定無血開城，讓日軍和平占領的歷史意義

(B)認為開城迎敵一事，係出於宗教大慈大悲的精神

(C)肯定身首異處的無名小卒，其功績蔭及子孫數代

(D)肯定抗日烈士的犧牲，不被記載但展現民族氣節

　　本題答案為D，歷史本就是一門選擇性記載的學問，故留下來的資料彌足珍貴，過去的人物雖未能在史料上留其完整事蹟，但其義風善舉實應在課堂上，讓學生透過閱讀加以學習，不然歷史就成為權力者的工具，學生在此種歷史教育下，不成為趨炎附勢者也難，此為筆者在此提供一則歷史解釋題目的用意。以下再看一段教科書課文：

　　　隨後頒布的「法律第六十三號」（簡稱「六三法」），授權臺灣總督得頒布各種具有法律效力的命令。殖民地臺灣屬於特殊法域，無法獲得日本憲法的保護。其後，雖頒行「法律第三十一號」（簡稱三一法），但兩者本質並無差別，只增加一條臺灣總督發布的律令不得抵觸日本在臺實施的法律和敕令而已。因此，無論六三法或三一法，都是……。**29**

請問上述資料最末段處，應放至下列哪一文句最為恰當？

(A)為臺灣總督的專制統治提供法律根據

(B)為臺灣總督的民主統治提供法律根據

(C)為臺灣實施三段警備制提供法律根據

(D)為臺灣實施無方針統治提供法律根據

　　本題答案為A，命題策略乃運用閱讀素養中的「預測」概念，希望同學能透

過閱讀資料，能推論出本段資料主要的論述要旨，方可「猜」出最末段內容為何。

　　以下為日本治臺初期，歷任總督的主要事蹟：「當時總督條件為中將以上的武官，第一任總督樺山資紀在其至臺時期，若有人把武文官念成文武官將會遭到軍人毆打。第二任總督桂太郎則長期住在東京，待在臺灣期間不到10天。第三任總督乃木希典則是將揭發污吏聞名的高等法院院長高野孟矩撤職。」[30]

請問上述資料可以作為下列哪一主題的證據？
(A)日本治臺初期井然有序　　(B)日本治臺初期流行養馬
(C)日本治臺初期混亂脫序　　(D)日本治臺初期總督英明

　　本題答案為C，主要是透過文本閱讀培養同學歷史概念中的「證據」概念。設計此題是希望能建構出一幅日治初期的統治圖象，讓同學更能掌握當時的歷史發展。最後想透過一題，來讓同學思考1895年的歷史意義：

　　當代某位學者認為在臺灣400年經貿史中，1895年有著重要的歷史意義。以此作為分期，來觀察之前的300年與之後的100年，可發現：「臺灣由人口移入區，漸成為有人移出。生產技術原由中國大陸移入臺灣，漸轉而頗多由臺灣移入中國大陸。臺灣資本家在兩岸經貿關係中崛起，且臺灣貿易的對象由以中國為主，轉為美、日為主。生活方式也由模仿中國，轉為與中國分歧。」[31]

請問應如何理解他的意見？
(A)因果概念，這是描述臺灣轉換統治者所造成的必然結果
(B)變遷概念，這是依馬關條約日本治臺後促成的發展趨勢

(C)證據概念，這是依據二戰爆發皇民化文學所描述的眞相

(D)神入概念，這是甲午戰爭之後臺灣民眾心理的眞實反映

　　本題答案爲B，透過文本閱讀希望培養同學「變遷」歷史概念，「變遷」是描述一種改變，它不是突然間、有一特定時間下的驟然轉變，它是種逐漸改變下的發展趨勢，且討論馬關條約，常是以政治史角度來分析，透過此題希望同學也可從經貿發展史的角度來思考1895年的特殊歷史意義。緊接著，可討論《六三法》的設置問題，請看下題：

　　當代學者指出在1896年制定《六三法》之前，日本政府出現兩派的爭議。一派主張日本應以英國的殖民地統治制度爲典範，根據英國「君主直轄殖民地」的模式，直接以天皇大權統治臺灣，再由天皇將其對臺灣的立法權力，委託給總督、高層官員及當地人所組成的殖民地立法機關來行使。另一派則比較傾向於法國模式，在日本剛剛接收完臺灣後，便由總理大臣伊藤博文發訓令給第一任總督，賦予總督「臨機專行」的權力，以應付臺灣瞬息萬變的情勢。**32**

請問如何正確理解上述兩派意見與《六三法》的關係？

(A)上述兩派的法律意見，都與《六三法》的內容毫無關係

(B)上述兩派都認爲臺灣直屬天皇統領，與《六三法》不同

(C)上述兩派都賦予臺灣總督大權，與《六三法》精神相同

(D)上述兩派認爲臺灣爲日本國土，與《六三法》精神相同

　　本題答案爲C，無論是支持應效法英國政府統治殖民地模式，還是認爲應模仿法國政府統治殖民地模式者，都認爲應擴大臺灣總督的權力，且都是以殖民地來看待臺灣，故認爲對臺灣應施以特別統治。本題是培養學生文本閱讀能力，希望學生能將資料內容與教科書所提到的《六三法》內容相比較，以PISA閱讀素

養層次，屬於第三層次反省與思考。

　　《時事新報》是19世紀末深得日本社會知識階層重視與影響政界甚廣的報刊，以下兩段資料是他在1896年8月與1897年6月的社論內容：[33]
　　資料一：臺灣總督任務繁重，舉凡軍隊、外交、法律等事物，皆應在其委任的權限內自由地處理；甚至因種種因素，使得臺灣與內地的情形不同，臺灣不獨立特殊，是無法收得統治成效。
　　資料二：島地的施政繁雜，對手又是未開的蠻民。故此，要同時實施軍政兼民政、以及征服兼安撫的話，無法經由法律的程序。而且，當局者是總督一人，得慎選人選，同時要委任充分的權限給他，讓他不受內地的任何牽制，可自由地行使權限。

1.請問《時事新報》對當時臺灣總督實施的《六三法》體制，應抱持何種態度？
　(A)非常反對，因為它不符合日本憲法精神
　(B)十分厭惡，因為它不受日本藝會所管轄
　(C)非常支持，因反映臺灣民眾的實際需要
　(D)表示贊成，因為如此才能獲得治臺成效

2.根據上述《時事新報》的社論，請問他對臺灣總督的權力有何建議？
　(A)予以褫奪　　(B)充分授權　　(C)加以限縮　　(D)無須關心

3.承上題，請問《時事新報》為何會如此建議？
　(A)兩段資料都認為臺灣抗日衝突嚴重
　(B)兩段資料都認為臺灣財政問題嚴重
　(C)料一認為抗日衝突不斷，資料二認為日本議會限制太多
　(D)資料一認為治臺事務繁多，資料二認為臺民野蠻難以教化

上述題目的答案，分別是C、B、D。三題都是培養同學文本閱讀能力，以PISA閱讀素養層次，分別是屬於反省與思考、統整與解釋和擷取資訊三種層次。由於討論《六三法》都是從臺灣民眾的立場，以上題目主要是希望從日本角度來看《六三法》的設置，相信對學生理解日本治臺初期的政策，會有更深刻且不同視角的收穫。

第二節　中國史歷史教材教法：以秦帝國的興起與歷史評價爲例

一、本單元教學重點

在正式上課前，可以先告知同學本次上課的主要課題。本節討論主題是：（一）秦爲何能統一中國，（二）秦朝的歷史評價，（三）傳統中國皇帝制度的建立與歷史意義。

二、引起動機

關於第一個主題，先閱讀一段擷取高中國文課文內容所設計的試題談起：

六國破滅，非兵不利，戰不善，弊在賂秦。賂秦而力虧，破滅之道也。或曰：「六國互喪，率賂秦邪？」曰：不賂者以賂者喪。蓋失強援，不能獨完。故曰弊在賂秦也。[34]
1.請問北宋蘇洵認爲秦終統一六國的原因爲何？
　(A)秦武器精良　(B)秦戰略優良　(C)六國不團結　(D)六國不賄賂
2.請問影響蘇洵立論的時代背景爲何？

關於上述問題設計，筆者主要從學生的學習經驗出發，所謂史料或歷史文本，不見得是指那些汗牛充棟的故紙堆艱澀文字，高中國文課本就有許多是可以深度理解歷史的史料。再者，筆者本次設計問題有選擇與申論兩種。因爲最能掌握學生歷史學習狀況者，應該是申論題型式，且長期臺灣考試多採選擇題型式，

培養一群很會猜題的答題者，但閱讀、分析、綜合、思辨等能力，卻未見提升，著實令人擔心，這也是互動式教學法強調文本閱讀與師生討論的教學設計目的。但美好的理想，還是須建築於現實的基礎上，由於選擇題是目前臺灣學生最熟悉，且題目所提供選項，即是提供思考線索，學生較易回答。相對而言，申論題若在未清楚交代相關背景與充分閱讀時間下，學生回答容易失焦，故筆者建議老師在教學上可以兩者並用。關於上述問題答案分別是C與澶淵之盟下的歲幣政策。由此可知，北宋蘇洵談論秦統一六國，目的不在回顧BC221年發生的歷史事件，而是在批判當前北宋的政局發展，這就是再現歷史的有趣之處。上述第1題試題測驗核心能力中文本閱讀能力，若以PISA閱讀素養的三層次，則屬於「擷取資訊」，第2題則是培養學生歷史解釋的能力。

三、進入主題

（一）秦為何能統一中國

先看一段資料：

據《考工記》載，矛一般不過三尋，合5.54公尺，而在秦俑坑發現的秦矛，竟達到6.3公尺。春秋時代的劍一般都在30公分左右，至戰國時發展至6、70公分，而秦俑出土的三把秦劍，卻分別為81、89和91.3公分。[35]請問上述資料，適合作為描述秦之所以能統一中國的何種背景因素？

(A)經濟　(B)技術　(C)文化　(D)政治

本題是從現代考古資料出土的角度，來討論秦統一中國的可能背景因素，答案是B。老師也可從兵馬俑的高大人像，來分析秦國強大的原因。在此可以詢問同學，你還知道有關秦之所以統一中國的其他因素嗎？透過討論，學生應可以

清楚了解：歷史現象的理解與解釋，不是固定且不容改變的。再看一題：

　　資料1：東周中後期黃金的社會地位已經轉化，此時黃金已經成為相當穩定的價值標準和交易的媒介，不論是政治性或經濟性的交易，以黃金交付也成為普遍可見的現象。

　　資料2：東周末期，黃金成為國際社會上最具吸引力的東西，最具顛覆力的工具。以黃金做為餽贈、賞賜、生意、祝壽、借貸、賑濟、之用的例子，先秦史料中所在多有，黃金本身儼然已是種跨越國界的流通貨幣。

　　資料3：西元前三世紀中葉，秦將司馬錯擊定巴蜀，而川省饒金，至今猶然。其所造成的第一個效應在於間接地造成一個中國古史前所未見地超級強權；第二個效應在於，此一強權徹底改變東周末期列國國力大體維持的均衡架構。

請問上述三段資料，**36**適合做為下列哪一主題的論點依據？
(A)武器的精良，乃是秦統一中國的最主要原因
(B)掌控黃金礦源，提供秦統一中國有利的環境
(C)秦的統一中國，讓黃金成為普遍流通的貨幣
(D)統一六國後的秦國，已成為前所未有的強權

　　本題主要測驗核心能力中歷史概念的「證據」，答案為B，教師也可以嘗試設計成開放式的申論題，上述資料是當代學者的研究，面對秦統一中國的老議題，竟可以提出新見解，實在很不簡單，值得在課堂上跟同學分享。本題參考答案是：黃金在戰國後期已是種共通貨幣，秦占領四川後，獲得豐富的黃金礦源，此在秦國軍事與政治統一之前，提供一經濟統一的有利背景。再看一題

　　資料一：中國的季風屬於氣旋風的特性，夏季由南海向中國大陸吹去的水蒸氣，靠由西北吹來的旋風將之抬升，濕氣因遇冷凝集為雨。農作物

需要的雨量，全待兩種未知數之邂近而定。此「十五寸等雨線」，也是胡漢的分劃。構成秦漢大帝國，都與上述背景上之要求符合。**37**

　　資料二：中國在民國2千多前年，見於官方報告的旱災有1392次，水災1621次，到災荒時，鄰國如不加接濟，是爲「阻糴」，即可能發生戰爭。各諸侯可能因婚姻細故、個人恩怨及擴大地盤的野心而動兵戈，參與的人民則更因饑荒所迫而活躍從事。而且大國控制資源愈多，對賑災卹鄰更有效，故自然的因素支持兼併的發生。**38**

請問上述兩段資料都認爲有利秦朝創建統一帝國的因素爲何？
(A)秦始皇努力　　(B)六國的分裂　　(C)氣候的限制　　(D)游牧業盛行

　　本題答案是C。這是當代學者黃仁宇的觀點，他認爲氣候的限制，是構成中國疆域範圍的重要原因之一，因爲有這種限制，在年雨量十五寸等雨線以上的農業地區，容易形成一統的政治體，且大國較易處理因天候不穩定所引發的生存競爭。此種論點即是法國年鑑學派所謂的長時段歷史觀。再討論過相關題目後，可以再問學生以下一個問題：

　　歷史是一門討論時間的學問，在上述那麼多描述秦統一中國的原因中（蘇洵、黃金、黃仁宇），哪些是指短程時間因素，又哪些是中程與長程的時間因素呢？並請說明理由。請在100字以內，運用「證據三明治」的方式，來論述你的觀點。

　　本題也是測驗申論題，短程時間因素指：蘇洵，六國賄賂秦國；中程因素是：黃金，共通貨幣及經濟制度；而長程的時間因素是指：黃仁宇提到自然環境的限制。透過如此分析，學生不僅知道歷史現象是多種因素構成，更重要的是：歷史現象的分析可以區分成不同層次，此爲史家史識的不同。本題測驗主要是討論「延續」的概念，「延續」與「變遷」在歷史概念中常被視爲一組，用以分析

歷史現象不變與變的一體兩面。歷史現象很像大海的波浪，表現上波濤洶湧，瞬息萬變，然底層卻有著強大的另一股力量，限制與維持著歷史的發展。再看一段描述秦朝統一的資料：

> 整個歷史由割據朝向統一的趨勢發展。當時戰國時代，各大國國內封建的郡縣制和封君制，代替了奴隸主貴族的世卿、世祿制度；選練的常備兵制度和郡縣徵兵制，代替了奴隸主貴族分割的軍事組織。[39]請問上述觀點，是受哪種思想影響？
> (A)民族主義　(B)自由主義　(C)新保守主義　(D)馬克思主義

本試題答案為D，主要是測驗同學歷史解釋的能力，理解不同史觀所建構出的歷史解釋特色，此出自於中國大陸知名史學家楊寬的作品。由題幹中的「奴隸主」一詞，可見它是指「奴隸社會」的現象。

根據上述資料，再問一題：請問上述資料內容，哪裡怪怪的？為什麼？

除了上述奴隸主一詞外，最明顯的是國內封建的郡縣制和封君制。在中國歷史上，西周封建制度崩潰後，方有郡縣制度的出現，上述資料卻認為此二者皆為同歷史階段。之所以出現上述現象，主要原因是因為中國大陸史學家受馬克斯五階段：原始、奴隸、封建、資本、共產五段歷史發展論影響。楊寬認為：戰國時代是由奴隸社會轉變為封建社會的關鍵時期，所以秦漢帝國是封建社會，忽略封建一詞，乃是西周政治社會制度的專有名詞，但將馬克思主義當作聖經，所以他所指的封建並非是西周時代的封建。此種以論代史觀點，強用馬克思主義套入中國史解釋，所以會出現上述特殊現象。

> 古封建之國，其未盡滅於秦始皇者，衛世家言二世元年，廢衛君角為庶人，是始皇時衛未嘗亡也。越世家言，越以此散，諸侯子爭立，或為王，或為君，濱於江南海上，服朝於處。秦始皇本紀言，二十五年王翦遂定荊江南地，降越君。[40]

1.上述資料乃為明末清初學者顧亭林的觀點，請問他主要想傳達哪一意見？

　(A)秦始皇實施封建制度　　(B)秦始皇仰賴軍事統一

　(C)秦始皇未滅尚有兩國　　(D)秦始皇如何吞併六國

2.請問顧亭林採取以下何種敘述策略，來論述上述觀點？

　(A)考據　(B)舉例　(C)史論　(D)譬喻

　　上述兩題答案分別是C與B。，兩題都是測驗學生文本閱讀能力，第一題是測驗學生是否知道文本的主旨所在，其主要是質疑「秦始皇滅六國且統一中國」，此一觀點的正確性，他認為尚有衛越兩國，尚未被秦所滅。第二題是希望能讓學生知道顧亭林如何運用敘述策略，來讓讀者理解且相信他的觀點。他舉了許多史書上的證據，來支持他的觀點。

（二）秦朝的歷史評價

　　緊接著談：秦朝的歷史評價，讓學生看兩段資料：

　　資料一：賈誼過秦論：於是廢先王之道，焚百家之言，以愚黔首；墮名城，殺豪俊，收天下之兵，聚之咸陽銷鋒，鑄以為金人十二，以弱天下之民。[41]

　　資料二：然秦制之以天下為私，則固無可疑者，以己為尊，則極後世之尊號，如曰自稱皇帝。以己為貴，則私天下之學問，如曰以吏為師。[42]

請問上述兩則資料如何評價秦朝？

(A)兩者皆肯定　(B)兩者皆否定

(C)資料一肯定，資料二否定　(D)資料一否定，資料二肯定

本題測驗歷史解釋能力，答案是B，可以再問同學：

兩則資料同時解釋促成秦朝滅亡的因素為何？

(A)重文輕武　(B)重用宦官　(C)發動戰爭　(D)暴政必亡

本題測驗歷史解釋能力，答案是D，此為解釋秦朝滅亡最常見的傳統解釋。再看兩段資料：

資料一：章太炎：先民平其政者，莫始于秦。秦始皇得天下，而子弟為庶人；所任將相，李斯、蒙恬皆功臣良吏也。後宮之屬，椒房之嬖，未有一人得自遂者。[43]

資料二：柳翼謀：秦立法未嘗不善，二世之亡，罪在趙高，非法之罪也，世徒以秦祚短，遂惡其法，實則始皇時代之法制，實具偉大之精神，以一政府而統制方數千里之中國，是故國家形式之進化，抑亦其時思想之進化也。[44]

1.請問上述兩則資料如何評價秦朝？

(A)兩者皆肯定　(B)兩者皆否定

(C)資料一肯定，資料二否定　(D)資料一否定，資料二肯定

本題測驗歷史解釋能力，答案為A，都肯定秦朝。根據上述資料，再問以下問題：

2.承上題，上述兩則資料皆為民國初年學者的意見，請問反映何種時代背景？

(A)科技落後 (B)財政困難 (C)政治紊亂 (D)外力入侵

本題答案為C，兩位學者都在稱頌秦朝政治的清平與重視法治，這恰與民初政治的紊亂形成巨大對比。由此也可問學生：為何不同時代，會出現不同的秦朝評價呢？這也是歷史的有趣之處，歷史的理解與解釋很容易夾雜時代與史家個人的關懷，所以歷史是一門充滿主觀性格的學問。此試題設計主要是從文本閱讀出發，然所培養的能力而言，就PISA閱讀素養三層次來分析，屬於最高層次的反省與思考。

（三）傳統中國皇帝制度的建立

緊接著討論的主題是皇帝制度的建立，先看一段課文：

春秋以前，「王」是人間至尊的稱號，「帝」為神界最高的尊稱。周室衰微後，諸侯相繼秋稱王，「王」已非人間至尊的稱號。秦王政統一天下後，下令研議天子尊號。他自以為德同三皇、功高五帝，＿＿＿＿＿。[45]
請問上段資料，最末段空白處最適合填入下列何者？

(A)遂自稱為皇帝 (B)便統一了六國 (C)遂自稱為霸主 (D)便倡尊王攘夷

本題屬歷史理解層次，答案為A。利用教科書的一段資料，希望測驗同學是否理解皇帝制度的出現背景，試題設計則是運用閱讀素養的「預測」概念，此種命題設計方法非常簡單，教師一方面透過閱讀技巧來教授歷史概念與促進學生歷史理解，另一方面，也教導學生如何理解教科書內容，培養學生日後自學能力。教師也可自行蒐集材料，自行改寫命題，再用「預測」概念，測驗一題。

　　皇帝至可謂是戰國以來列國政體的延續與升級，君主集大權於一身。中央設總攬一切的宰相與日趨專業化的官僚，這些官員不再是憑藉宗法血緣的封建世卿，在地方則　　　　　　。[46]請問上段資料，最末段空白處最適合填入下列何者？

(A)設置三公九卿　(B)實施郡縣制度　(C)設置三省制度　(D)實施封建制度

　　本題答案為B，屬歷史理解層次，就PISA閱讀素養三層次來分析，屬於第二層次的統整與解釋。秦朝創建與實施的皇帝制度，主要目的在於達到中央集權。故中央的三公九卿制與地方的郡縣制度的設置，對於中央集權的落實，產生非常重要的實質效果，此是本節不可或缺的教學重點。

　　以君臣觀而言，從孟子的「君之視臣如草芥，則臣之視君如寇讎」到韓非子與黃生的「冠雖敝，必加於首，履雖新，必關於足」，表現了皇帝權威絕對化的事實。從罪在己君，而「名在諸侯之策」的「君臣之義，無所逃於天地」的封建時代，到戰國時代的則「去之楚越，若脫躧然」，以至於「勢不足以化則除之」的戰國末期法家思想，也清楚地呈現出君王與臣民關係的發展脈絡。[47]

請問應如何解讀上述資料？

(A)神入概念，描述戰國到秦朝，人民心中的聖帝明王形象

(B)因果概念，說明秦始皇之所以確立皇帝制度的主要原因

(C)證據概念，支持從春秋到秦漢，皇帝權力維持至尊現象

(D)變遷概念，呈現春秋、戰國再到秦朝，君權提升的趨勢

　　本題答案為D，主要測驗學生歷史概念中的「變遷」概念，文本資料描述的是一種君權日益高張，造成君民關係改變的現象。

　　資料一：秦朝統一中國後，在東方實施郡縣制，此新制度是一種軍事

征服的體制，即以郡縣為根據地，藉軍事力量為後盾以鎮壓鄰近地區。且秦始皇鼓吹東方六國相信的五德終始觀，宣揚秦代周德，乃為水德。

資料二：秦統一天下後，令秦國原有的祠官登錄並管理「天下」的各神祠，其範圍及於東方六國。並將神祠排序，定出等級。在秦的祠官體系中，上帝，是位階最高的神祇，每三年一次，由秦皇帝親自祭祀。

請問上述兩段資料，[48]適合做為下列哪一主題的支持論點？

(A)透過思想與信仰，強化秦皇帝制的合法性與神聖性

(B)經由武力征服，確立秦朝皇帝至高無上的唯一權柄

(C)透過教育體系，宣導秦統一中國的必要性與合理性

(D)經由軍事鎮壓，讓秦朝皇權的統治深達於地方基層

　　本題測驗透過文本閱讀能力來培養同學歷史概念中的「證據」核心能力，答案為A。上述兩段資料是目前臺灣史學界對皇帝制度研究的新成果，透過閱讀素養的培養，也可讓學生接觸到最新學術研究，也讓學生更能理解皇帝制度的實施，需要複雜的思想與信仰諸多政策的協助，方可順利推動。讓學生的歷史學習，不要僅停留於制度表面，而忽略如何落實的實際層次，此會讓歷史圖象更為生動有趣。

　　關於傳統中國帝制的政治理論，是目前的學術研究熱點，再讓同學讀以下兩段資料吧！

　　資料一：皇帝是人間秩序的宣告者、執行者與仲裁者，不可說他是立法者。在儒家的法制觀念中，人間所有規範，包括法律在內，是來自於經典。如三綱、五常所蘊涵的綱常觀念，它們是即維繫人間秩序的永恆基本原理。這些原理是先於任何國家而存在的，當然是先於皇權的。[49]

　　資料二：國家的運作上，皇帝是國家最高的領導人，可是這個國家是君臣的公有物，如同家產是父子的公有物一般。用傳統中國的觀念而言，國家被比擬成君臣所共有的身體。皇帝必須安分，並根據名分來統治。更

關鍵的是，皇帝沒有權利決定別人的分，因爲這些分在皇權出現前。[50]

請問關於上述兩段資料，應如何正確解讀？

(A)兩者都是肯定中國皇帝制的專制性格

(B)兩者都在質疑中國皇帝權力的絕對性

(C)資料一支持中國皇帝制的專制性，資料二則採質疑態度

(D)資料一質疑中國皇帝權力的絕對性，資料二則是爲支持

　　本題答案爲B。本段資料是研究中國法制史學者的意見，認爲皇帝是制度中的一員，權力不可能無限制的擴大，當然也受禮制的約束，像歷朝開國皇帝的祖訓與官僚組織的意見等等，都是皇帝要尊重的對象。所以稱中國皇帝專制，此觀點似乎太粗糙了。上述的閱讀資料，主要是問同學一個問題：請問根據上述學者的意見，中國君主制度是否爲絕對專制嗎？受到西方民主政治的洗禮，學生對於皇帝制度普遍多存在專制的負面形象，把中國皇帝制比附於西方近代君權神授的絕對權力，然這種觀點似乎是用西方議會政治角度與當前民主理論來批判中國皇帝制度缺乏同情的理解，故本題也可培養學生歷史概念中的「神入」核心能力。

　　最後則測驗兩則有關秦漢帝國的閱讀策略題：

　　　上古希臘、羅馬的國土小，人口寡，他們所謂的國，僅是一個城，每一城市也不過數萬人口，後來向外征服形成帝國。中國到秦漢時代，國土疆域早和現在差不多，戶口至少在幾千萬以上，且中國立國規模並不是向外征服，而是向心凝結。[51]

請問此位史學家運用何種敘述策略，來論述他的觀點？

(A)比較　(B)舉證(C)考證　(D)譬喻

　　本題答案爲A。作者把中國秦漢的立國制度與形態，與西方希臘、羅馬做一

比較，透過比較，讓讀者能更清楚秦漢帝國的立國體制特色。

　　秦、漢政府，並不像羅馬以中心征服四周，而是由四周之優秀力量的共同參加，來造成一中央。且此四周，無階級之分。所謂優秀力量者，乃常從社會整體中，自由透露，活潑轉換。因此羅馬如一室中懸巨燈，光耀四壁；秦、漢則室之四周，遍懸諸燈，交射互映；故羅馬碎其巨燈、全室即暗，秦、漢則燈不俱壞、光不全絕。[52]

請問此位史學家運用何種敘述策略，來論述秦漢與羅馬帝國的不同？

(A)敘事　(B)舉證　(C)考證　(D)譬喻

　　本題答案為D，作者以房屋中的燈具擺設作為秦漢帝國與羅馬帝國的比喻，來討論兩者中央與地方權力秩序的不同關係。教師也可藉由此題，來讓同學學習其他種的歷史敘述策略，讓學生在日後閱讀歷史文本資料時，不要僅理解相關歷史知識，也要去分析作者的敘述策略，此將會增強學生的閱讀素養。

第三節　世界史教學設計：以「古巴危機」為例

一、本單元教學重點

　　關於古巴危機此一教學單元，主要分爲以下幾個教學內容：（一）了解古巴危機的發生背景。（二）了解古巴危機的發生經過。（三）了解古巴危機的影響與評價。希望同學能經由上述三個教學重點，了解這發生於20世紀中期的世界重大歷史事件。

二、引起動機：從一張電影海報開始[53]

　　老師可以讓同學看電影海報後，再問同學是否看過這部電影？請學生依序回答以下問題：這部電影所描寫場景的發生時間WHEN？主角是誰WHO？發生在哪裡WHERE？發生什麼事WHAT？什麼原因造成的WHY？這個故事如何進行與收場HOW？在透過生活情境，喚醒學生舊記憶後，再問同學，你發現教科書對此歷史事件的敘述有何問題嗎？老師無須馬上回答，應要給善提問者（符合教學目標者）給予鼓勵，目的是要引導學生能透過問題，關注到本單元的教學目標：1.讓同學能了解古巴危機的前因後果與相關背景。2.讓同學能透過閱讀資料，來分析其間的因果關係。3.讓學生能透過閱讀資料，明瞭事件的相關人物其立場與選擇。

三、進入主題：教學活動

先給同學看一份報紙專欄內容：

「美國近代政治史上有個傳統，每逢大選年，參加初選的候選人就會出一本書（以回憶錄為主），好為自己造勢。小甘（甘迺迪總統的弟弟、司法部長羅伯特‧甘迺迪）準備投入1968年總統大選，不敢寫他當年在國會當法律顧問打擊工會和黑手黨勾結的事。他必須寫一本為自己臉上貼金的英勇事蹟，他想來想去，只有大家記憶猶新的古巴飛彈危機可以寫，這是他寫《13天》的用意」[54]

閱讀上述資料後，請同學回答以下幾個問題：

1.請問在1968年美國當時社會氣氛為何？
　(A)美國民眾普遍都主戰　(B)黑手黨幫派聲望甚高
　(C)美國社會普遍都反戰　(D)蘇聯國勢已超越美國

2.你認為小甘要為自己臉上貼金，請問會如何描述自己在古巴危機間的英勇事蹟？
　(A)堅持出兵攻打古巴　(B)成功地讓危機落幕
　(C)讓卡斯楚馬上下臺　(D)順利架設美國飛彈

上述題目答案分別是C與B。在古巴危機發生之際，小甘其實是鷹派主戰派，但到1968年，當時美國民眾希望能退出越戰，在反戰與希求和平的廣大民意壓力下，此時想要選舉的小甘，自然想要吹噓自己在先前古巴危機中，促進和平的功勞。他藉由當時社會瀰漫的反戰氣氛，透過古巴危機與美國陷入越戰泥沼造成人心惶惶的恐戰脈絡，塑造自己在處理古巴危機的和平形象。本試題跳脫僅僅介紹事件發生因果始末的歷史講述方式，希望透過閱讀，讓學生理解此段歷史的另類觀點；透過本題教師也可地跟同學傳達「製造」歷史形象的概念，許多政治

人物常常會透過「虛構」歷史情節，來塑造對自己有利的形象。藉此也想告訴同學，並非所有留下來的歷史資料，都是過去事實的再現，但若未經思考與判斷，它很可能是後代視為理所當然的「證據」。臺灣學生很容易把教科書內容，視作傳達真理的「聖經」，忽略教科書內容也是建構出來的，它其實是在特定脈絡下，來描述歷史的發展。以下就讓學生「體會」不同教科書內容的敘述脈絡。

資料一：西方與蘇聯最危險的對抗，不是在柏林，而是在古巴。1962年赫魯雪夫意想不到的魯莽表現，宣布要保衛古巴免遭美國的第二次入侵，於是將蘇聯軍人和技術人員派往該島，修建導彈基地，將美國大陸置於導彈射程之內。**55**

資料二：美洲國家組織成立於冷戰初期，一開始因地緣因素採取支持美國的立場。1959年卡斯楚取得古巴政權以後，採取親俄政策，引起美洲國家組織的不滿，決議開除會籍。在古巴飛彈危機中，這一組織也堅決支持美國的立場。不過到了1982年，英國因爭奪福克蘭群島而與阿根廷發生軍事衝突時，美國採取左袒英國的立場，卻引起這一組織多數國家對美國不滿。**56**

請問上述兩段資料，是在何種脈絡下描述古巴危機此一歷史事件？

(A)資料一採冷戰對立的角度，資料二採區域統合的角度

(B)資料一採區域統合的角度，資料二採冷戰對立的角度

(C)兩段資料都是採兩大集團冷戰對立的角度

(D)兩段資料都是採二戰結束區域統合的角度

　　本題答案為A。第一段資料出自於大學歷史教科書，第二段資料則是高中歷史教科書。兩段資料主要是測驗學生文本閱讀的能力，歷史事件不是單獨存在的人、事、物集合，他是史家用複雜心思所編織意義之網上的珍珠，這顆珍珠之所以能吸引眾人目光，除了它本身光彩奪目、晶瑩剔透外，更重要的是，它背後的意義之網所呈現讓珍珠更為亮麗的背景效果，歷史事件雖然都是一樣，但放在不

同脈絡下敘述，就會呈現不同意義。如果我們教學僅仰賴講述法，遇到教科書中的歷史事件，則往往會用類似國文科注釋的方式，透過「解釋名詞」的方式，來讓學生知道事件的前因後果，但如此讓學生忽略敘述事件背後的意義之網，自然讓學生認爲歷史是許多單獨事件，依照時間先後的排列，無法理解不同脈絡下，同一歷史事件所呈現的不同歷史意義。然透過閱讀文本內容，學生將較可以「體會」到脈絡的存在。緊接著，再設計一題有關閱讀素養中「預測」的題目：

1960年卡斯楚宣布沒收美國人在古巴的全部資產，導致美古斷交，美國總統甘迺迪決定出兵，他批准由美國中情局所支持在古巴南部豬玀灣登陸的行動，但僅72小時後就以失敗收場，在此情況下，古巴更靠攏蘇聯以尋求更大的援助，蘇聯派遣軍事人員並著手建造導彈基地，所以_____。[57]

請找出最適合安置在_____的字句？

A.美國遂在古巴安置瞄準蘇聯的飛彈

B.蘇聯遂在古巴安置瞄準美國的飛彈

C.古巴遂在蘇聯安置瞄準美國的飛彈

D.蘇聯遂在美國安置瞄準古巴的飛彈

本題答案是B。很早就有心理學學者提出閱讀並非按照文句先後，一字一句地進入讀者眼簾，讀者在閱讀完畢所有文句後，方可了解通篇意思。其實，許多人在閱讀過程中，很快就產生對此文句的通篇概念，而閱讀即是在此種預測狀態下的心智思考過程。筆者設計此題，除希望學生能理解何謂「古巴危機」此重要歷史事件外，更希望學生能透過閱讀，來理解事件發生的背景，且能清楚了解古巴、蘇聯與美國三者的關係。在敘述古巴危機的發生，常認爲導火線在於1962年蘇聯政治領袖赫魯雪夫作了個決定，造成軒然大波。我們可從此角度來設計問題：

資料一：赫魯雪夫：「一個社會主義的古巴會像一塊磁鐵，將其他拉丁美洲的國家吸向社會主義，但面對美國在加勒比海持續不斷的干涉威嚇，我們應有甚麼對策呢？我一直在思考這個問題，且蘇聯的中央決策成員都同意這個結論：『除非我們做些什麼事，否則美國人是不會自動放下屠刀的，我們有道義上的責任，使用我們手中任何一個手段。』」**58**

資料二：「他（赫魯雪夫）無法忘記的是，美國不僅在西歐的英國和南歐的義大利部署導彈，還在蘇聯的南部鄰國土耳其擁有導彈基地。蘇聯不僅在戰略武器方面上的處於下風，而且在柏林危機的較量中輸得不明不白。這一切促使赫魯雪夫思考如何反擊美國，此觸發赫魯雪夫去美洲加勒比海地區擾動美國後院的決心，而古巴就是這樣合適的反擊場所。」**59**

資料三：赫魯雪夫：「將導彈佈置在古巴，我想就會抑制美國對卡斯楚政府進行孤注一擲的侵略冒險，更重要的是，美國人在我國周圍佈署軍事基地，並用核武器來威嚇我們，現在我們作的不過是以其人之道，還治其人之身而已。」**60**

1. 有學者認為讓赫魯雪夫去冒如此大風險，不是他要為蘇聯帝國謀取利益的實用主義。相反，是他履行對共產革命陣營所應盡的義務。請問上述資料何者最適合用於陳述此一觀點？

   (A)資料一　(B)資料二　(C)資料三　(D)皆不適合

2. 傳統史學界多認為：赫魯雪夫在古巴架設導彈，主要是美蘇兩強冷戰對峙下的戰略考量。請問上述資料，何者也是採取此種角度？

   (A)資料一與資料二　(B)資料一與資料三　(C)資料二與資料三　(D)三者皆是

　　上述題目答案分別是：A與C。資料一是認為保衛古巴具有宣揚社會主義的重大意義，資料二與資料三則都是採冷戰體系下的戰略角度，來思考在古巴架設導彈的意義。歷史人物所主導的事件發生，其背後有非常多重的思考角度，透過回憶錄之類的文本閱讀，會讓學生更清楚當時歷史人物的主要考量，這比聆聽教

師講解所認識的歷史，自然是更為「真實」。這種理解歷史人物動機的測驗，可以擴大學生思考歷史的角度，再測驗一題：

　　蘇聯在古巴架設導彈，凸顯蘇聯對古巴的重視，以下資料皆在討論此一課題：

資料一：赫魯雪夫：「美國的目的是推翻古巴革命政府，恢復美國在古巴的壟斷地位，從而鞏固美國在所有拉丁美洲國家的統治。更重要的是因為，古巴是馬克思列寧主義革命思想傳播的策源地，它會使革命思想傳遍拉丁美洲，從根本上動搖壟斷資本在那裡的統治。」[61]

資料二：被卡斯楚指責為「宗派主義」的埃斯卡蘭特，逃離古巴來到莫斯科。他提供的情報及其說法讓赫魯雪夫更為震驚。他在對蘇共中央講述他被解職的遭遇，他認為，在古巴革命的精英分子裡，中國的影響已經急劇增加。他還強調，他不得不在同卡斯楚一些顧問辯論中捍衛莫斯科的路線。[62]

資料三：古巴的地理位置使它對蘇聯極具吸引力，在該島部署戰術導彈就可以實際威脅美國的所有大城市，這多少可以平衡美國和蘇聯的對峙實力。[63]

請問上述資料是從哪一角度來思考，古巴對蘇聯的重要性？

(A)資料一認為古巴具有的戰略位置，可大幅增強蘇聯對抗美國的實力

(B)資料二認為蘇聯拉攏古巴，是因為中共正積極透過管道來影響古巴

(C)資料三認為古巴有特殊意義，它是共產主義在拉丁美洲的重要據點

(D)上述三段資料都認為古巴的重要，在於它擁有發展核武的特殊礦產

　　本題答案為B，一樣是透過文本閱讀方式，讓學生了解蘇聯積極支援甚至武裝古巴的原因所在，主要是希望學生能從閱讀不同資料，分析促成此一歷史現象的不同歷史解釋。資料一認為古巴具有特殊意義，因它是共產主義在拉丁美洲的重要據點，資料三則認為古巴具有的特殊戰略位置，正可大幅增強蘇聯對抗美國

的實力，更特別的是資料二提到，此時期中蘇交惡，中共積極介入拉丁美洲，尤其試圖影響古巴，這些都促使赫魯雪夫思考如何能在列強環伺下，透過某一些作為，讓古巴能「忠心」地投入蘇聯懷抱。

1962年10月14日美國U-2間諜機飛越古巴，並拍下古巴在興建架設飛彈基地的照片。這個消息很快地傳到美國甘迺迪總統，他跟他的親信密集地開會研商。「中情局報導，有多達8枚的中程飛彈已經可以從古巴發射，在6到8週，長距離的火箭基地也將完成，一旦所有的火箭都安置好，只有15%的美國戰略武力會從蘇聯攻擊中存活下來。」[64]請問你認為甘迺迪在聽取中情局報告後，會採取下列何種行動？

(A)馬上派出所有的轟炸機，直接轟炸古巴的飛彈基地
(B)即向蘇聯領袖赫魯雪夫，發表措詞委婉的請求信函
(C)在海上部屬重軍，並封鎖蘇聯駛向古巴的所有船隻
(D)發動強大的陸海空三軍，直接派軍隊攻擊入侵古巴

筆者設計這一題，主要是讓學生思考歷史人物的決定。由於教科書的敘述，多採第三人稱、不帶情感的「命定式」語氣與角度，此種論述角度，自然把歷史視作一堆既定事實的陳述，根本不可能讓學生進行歷史思維，所以，透過上述歷史情境的提供，讓學生「神入」到歷史人物的心靈世界，幫歷史人物設想，試圖為他們作選擇。當然，就歷史的事實而言，答案是C，老師也可讓同學思考為何甘迺迪會採取C的策略，因為美國若採取A與D強硬的軍事攻擊，將會引起蘇聯更猛烈的報復行動，甚至最終會導致原子武器的戰爭。若是B，則美國會被全世界看作儒夫。故選C，表面上美國似乎是表現強硬，但私下卻又可與蘇聯協商，以求和平落幕的最佳策略。就在雙方眼看就要爆發軍事衝突之際，發生了有趣的事，讓我們看以下資料：

資料一：以下是1962年10月，美國總統甘迺迪準備在裝載核武的蘇聯船隊

到達古巴後,向全國發表講話的開場白:「同胞們,我以沉重的心情下令,使用常規武器採取軍事行動,以消除古巴境內的核武器裝置,美國空軍現在正在執行此項命令。」**65**

資料二:1962年10月20日美國新聞署的報告提到:盡可能將總統的聲明,散佈於全世界,且同時還要做好後續報導。要立即將電視講話原文通過無線電訊稿,迅速傳遞給可能接收到的所有國家。**66**

資料三:1962年10月22日晚上7點甘迺迪正式發表電視講話,向世人說明蘇聯導彈在古巴的存在和實施海上隔離的原委,美國之音與其他家國內電臺一起,通過無線電波用西班牙語直播報導。演講結束後24小時內,又被用英語以及其他37種語言反覆播出,聽眾數量創造新的世界紀錄。**67**

資料四:在那些日子裡,美國報刊充滿了關於蘇聯在古巴的導彈的報導,古巴導彈基地的照片登得到處都是。美國人人膽戰心驚,好像世界末日就要來臨。**68**

1.請問上述四則資料,可以做爲下列哪一主題的證據?
　(A)古巴危機中美國媒體所扮演的角色
　(B)蘇聯政府透過媒體促成的古巴危機
　(C)甘迺迪利用媒題成功化解古巴危機
　(D)古巴危機中小道消息所造成的影響

2.根據上述資料,請問美國總統透過媒體希望傳達美國政府面對古巴危機的態度是?
　(A)沒有感覺且無能　(B)積極理性且堅定
　(C)生氣憤怒又強硬　(D)驚慌失措又擔心

　　上述兩題的答案分別是A與B。第一題主要透過閱讀,測驗學生歷史概念中的「證據」概念,第一則資料描述美國總統試圖透過媒體發表美國將對古巴採取的反制行動,甘迺迪特別強調「僅以常規武器採取軍事行動」,即是要告訴美國

民眾，美國軍方一開始不會使用原子武器，希望美國民眾不要過分擔心。資料二與資料三都是敘述美國政府積極透過媒體，向美國民眾以至於全世界，發表美國政府對古巴危機所採取的隔離政策。資料四則是描述美國民眾透過媒體知道古巴危機後，所出現的社會恐慌現象，所以四則資料都共同描述：古巴危機中美國媒體所扮演的角色。由於美國民眾知道古巴危機後，出現恐慌與擔憂現象，美國政府更希望能透過媒體，減低不必要的恐慌，由資料三可知，美國政府承認的確有古巴導彈的存在，且美國政府目前採取的是海上隔離的非武裝政策，試圖透過大規模、多種語言的媒體宣傳，來安撫民眾焦慮的心情，並形塑美國政府面對古巴危機之積極、理性且堅定的形象。

資料一：當年曾為甘迺迪決策班子的迪安‧臘斯克等人聯名在美國《時代》週刊上發表了一篇題為《古巴導彈危機的教訓》的文章。在這篇文章中，他們總結道，為達到此目的，美國政府作出了兩個保證：第一，「我們公開地闡明，如果蘇聯撤出導彈，美國就不會入侵古巴」；第二，羅伯特‧甘迺迪在總統的指示下私下誠摯地向蘇聯大使保證，「一俟危機得以解決，美國將立即撤出部署在土耳其的導彈」。[69]

資料二：美國總統的弟弟羅伯特甘迺迪私下拜訪蘇聯駐美大使，說他已經好幾天沒有回家了，他和總統坐守白宮，苦苦思索古巴導彈問題。他說：「我們這裡精神非常緊張，請轉告你們的政府和赫魯雪夫，請他們考慮這一點。總統準備通過秘密管道轉一封信，懇請赫魯雪夫能夠採納他的建議」。羅伯特甘迺迪說，總統自己不知道如何才能擺脫困境，軍方對他施加巨大的壓力，堅持要對古巴採取軍事行動。[70]

資料三：赫魯雪夫的兒子曾回憶他所知道古巴危機的秘辛：「我現在所寫的全是憑我的記憶，因這是我親身經歷過的事，我記得很清楚。這一行動自始至終都是由我牽頭負責。我記得父親提到土耳其導彈的嚴重性，甘迺迪總統委婉誠懇的表示，因考慮到對於北約和盟國的義務，他不能馬上單方面地宣佈拆除，但拜託父親要相信這事不久就能夠做到。」[71]

1. 請問根據上述三則資料所呈現的美蘇領導者的形象，下列敘述何者正確？

   (A)英明睿智的美國總統　(B)無奈卑微的美國總統

   (C)帥氣瀟灑的赫魯雪夫　(D)氣急敗壞的赫魯雪夫

2. 關於古巴危機的和平落幕，一直有著「美國拆除部署在土耳其導彈」的「交換」傳言。你認為此傳言是否為真？請依據上述資料，運用「證據三明治」的方式，分三段在100字以內，來論述你的看法。

　　上述第一題的答案是B，第二題可以參考資料一與資料三內容來作依據，論述傳言並非虛假。上述三則資料主要都是在講美國政府當局面對古巴危機的驚惶失措，希望透過私下的秘密管道，能跟赫魯雪夫聯繫，以謀求能讓古巴危機平安落幕的結果。筆者希望設計這個題目當然是與上一題：美國政府透過媒體塑造自己理性堅定的形象，來作有趣的對比。也希望能教導學生一個觀念：對過去歷史的理解，應建立在擁有豐富史料基礎之上，故當有新的史料出現，很可能會更替以往的相關歷史解釋。希望透過此題，能改變學生以往所認為的成見：「教科書內容是最佳的歷史解釋」。請看下題：

　　1962年10月27日一架美國偵察機在古巴上空被擊落，在這個關鍵時間，有幾則重要的資料：

資料一：卡斯楚當天曾親自寫信：「尊敬的赫魯雪夫同志：分析目前的形勢和我們所掌握的情報，侵略幾乎是難以避免的。這次侵略可能採取兩種方式：最可能的方式是對特定的目標進行空中打擊，旨在將其一舉摧毀。這樣的侵略會受到世界輿論的憤怒譴責。您可以相信，我們將堅決而果斷地進行抵抗，古巴人民的道德精神極其崇高的，他們將勇敢地面對侵略者。」[72]

資料二：赫魯雪夫在古巴危機極其緊張之際，曾用以下話語形容卡斯楚：「我們在那裡部署導彈，是為了防止對島上發動攻擊，保護古巴，捍衛社會主義，而他倒好，不僅自己不想活了，還要把我們給拉進去。」[73]

資料三：卡斯楚曾對蘇聯駐古巴大使說道：「這個話我不願意直說，但是目前的形勢是：為了讓自己不遭受第一個核打擊，應該在對方必然會攻擊的情況下，將他們從地球上消滅掉。」**74**

　　請問依據上述三則資料，在古巴危機中何人最希望擴大戰端？請運用「證據三明治」的方式，分三段在100字以內，來論述你的看法。

　　本題答案認為卡斯楚在古巴危機中，扮演著好戰份子的角色。就在美蘇兩透過秘密協定，試圖讓古巴危機能夠和平落幕之際，竟傳出美國偵察機在古巴上空遭到擊毀的消息，此事件遂衝擊美蘇雙方秘密協議的誠信，幸好在雙方節制與自制下，危機並未擴大。此題是希望透過文本閱讀，能讓學生理解古巴危機此一歷史事件，不要僅停留在從美國或蘇聯角度，也可思考古巴的立場，筆者設計此題，是希望能透過資料閱讀，以讓歷史情景能夠更為生動有趣，也希望能培養學生「陳述」的能力。緊接著，筆者想討論在歷史紀錄下，讓古巴危機和平收場，究竟是何人的功勞？

資料一：美國的反應極為迅速，甘迺迪總統立即下令海軍實施封鎖行動，旨在防止更多攻擊性武器運進古巴。他並建議聯合國的監察小組，監督拆除和撤銷行動。在幾天的緊張狀態之後，赫魯雪夫終於同意拆除發射臺，並把飛彈撤離古巴。甘迺迪向赫魯雪夫證明了：為了保障西半球免於蘇俄侵略，美國人準備全力以赴。**75**

資料二：在最危急時，攜帶核彈的美國飛機升空飛行，赫魯雪夫僅叫嚷封鎖是非法的行為，之後，兩艘蘇聯貨船及為其護航的一艘潛艇掉頭返航。兩封信件讓雙方最終能和平收場，在第一封信中，赫魯雪夫同意撤除導彈基地，作為交換美國要承諾不進攻古巴。緊接著在第二封信中，赫魯雪夫語氣變得更強硬了，要求美國撤出土耳其的導彈，但甘迺迪只對第一封信予以回應。**76**

1.上述兩段資料都同時描述下列哪一現象，與古巴危機能夠和平落幕最為相關？
  (A)聯合國積極調停　(B)甘迺迪委曲求全
  (C)赫魯雪夫的退卻　(D)雙方私下的協議

2.根據資料二，美國以撤出土耳其的導彈，作為蘇聯撤除古巴飛彈的回報。
  然當事件和平落幕後，此秘密協議的內容被視作機密，而不為外人所知。
  請問這種結果會此會使世人認為古巴危機的落幕，主要是何者的功勞？
  (A)甘迺迪　(B)赫魯雪夫　(C)卡斯楚　(D)土耳其

　　上述題目的答案是C與A，資料一主要描述赫魯雪夫在美國政府強硬的態度下，只好拆除安置與古巴的導彈裝置，此與資料二所提到赫魯雪夫的退卻恰好相符。由於一般民眾都認為古巴危機乃肇因於蘇聯在古巴架設導彈基地，因為美國甘迺迪總統的理性與堅定的反制行動，讓事件得以和平收場，故赫魯雪夫在此事件一直有著麻煩製造者的形象。第二題則是提醒同學不要忽略美蘇雙方的秘密協定，是使古巴危機得以和平落幕的關鍵因素，由於此秘密協定並未公開，故一般民眾都會將事件得以和平落幕，歸功於甘迺迪的功勞，而第一題所測驗「赫魯雪夫的退卻」，是一般教科書描寫的古巴危機得以落幕的主因，此也是讓甘迺迪當時聲望激增的原因所在。藉此，我們可以問學生一個問題：請問教科書描述的古巴危機，就是歷史的事實嗎？若不是，那要重建過去的歷史，需要仰賴什麼，才可能找到所謂歷史的真相？透過上述的提問，主要是希望提醒歷史教師，應該覺察歷史課的學習，需要脫離教師負責事實的講述與學生負責背誦此種傳統的教學模式，若採用透過文本閱讀的教學方式，我們除可以跟同學討論歷史理解的「證據」概念外，還讓學生看到歷史紀錄背後的主觀目的，此種教學方式，將對學生造成的學習震撼，應該非講述法所能達成吧！
　　最後筆者想討論：古巴危機落幕後的影響

　　赫魯雪夫曾如此評價古巴危機：「古巴危機的化解，是讓美國人第一次公開保證不侵略一個鄰國，並且不干涉它的內政。美帝國主義者這個野獸被迫吞下一個刺蝟，連同硬刺吞下去了，這個刺蝟仍然在胃裡沒有消化。」**77**

1.請問他如何評論古巴危機落幕後，對美國所產生的影響？

　(A)讓美國國勢更加地壯大　　(B)讓美國政府非常地難堪

　(C)讓美國支持古巴的存在　　(D)讓美國與蘇聯仇恨加劇

2.請問他用何種敘述策略，來陳述他的評論？

　(A)比較　(B)考證　(C)譬喻　(D)舉證

　　上述答案分別是B與C，歷史核心能力中的歷史解釋，是指培養學生能評論過去歷史事物與其影響，本試題的設計，即是透過一則與教科書敘述不同的文本資料，來測驗學生歷史解釋的能力，此也是PISA閱讀素養的統整與解釋層次。且赫魯雪夫還用「這個野獸被迫吞下一個刺蝟」此生動的譬喻，來形容美國在古巴危機後的難堪處境。再看一題：

　　「古巴危機將證實中共對於美蘇兩國的認識是正確的。如果甘迺迪屈服，那麼正好證明了毛澤東『帝國主義是紙老虎』的論斷；如果赫魯雪夫屈服，則正好驗證了毛澤東所說蘇聯是『現代修正主義』的觀點。」**78**請問根據上述資料，古巴危機的結束，對下列何者的聲望提升，有直接的助益？

(A)甘迺迪　(B)卡斯楚　(C)毛澤東　(D)赫魯雪夫

　　本題答案是C，一樣是透過文本閱讀來測驗學生歷史解釋的能力。再看一則有關古巴危機的評價：

　　以下是某位當代史家對古巴危機的評論：「他（赫魯雪夫）告訴一位到訪美國商人『假如美國堅持戰爭，我們都會在地獄相見』。這意味著這兩邊現在都認眞地玩『落跑雞』的遊戲。當然在『落跑雞』的遊戲中，會有『合作的結果』，假如雙方都活下來，沒有人可以叫另一邊『落跑雞』，而這正是在古巴危機中所發生的。」[79]

請問上述史家運用何種敘述策略，來評論古巴危機？

(A)譬喻　(B)比較　(C)史論　(D)考證

　　本題答案爲A，「落跑雞」的遊戲，應如同詹姆士狄恩在《養子不教父之過》電影中，所玩的簡單與致命的遊戲：兩個人面對面開車，假如其中一人因害怕兩車相撞，而偏離遊戲規定兩車應共同駕駛的白線，另一個人在他開車過去時，就會對落跑的那個人喊出「落跑雞」，此人從此就成爲被眾人輕視的對象。[80]故上述史家用「落跑雞」遊戲的譬喻，來描述古巴危機的落幕。緊接著則利用一題幫同學作觀念的統整：

　　請同學閱讀下列四則資料，將古巴危機此事件，依據語意與邏輯的先後關係，重新排序：

　　甲：蘇聯利用衛星技術發展洲際飛彈，開始在古巴建造瞄準美國領土的飛彈發射站，美國總統甘迺迪要求移除飛彈，遭到蘇聯的嚴詞拒絕，並派遣軍艦支援古巴。

　　乙：美國支持的巴蒂斯塔統治古巴，引發古巴人民的反抗，卡斯楚成功地推翻政權完成革命，並進行社會與經濟改革，引發與美國間的軍事衝突。

　　丙：就在雙方劍拔弩張，危機一觸即發之際，雙方政治領袖的彼此克制，與透過交換條件的秘密協定，結束此近兩星期的國際危機。

　　丁：經過此危機後，美、蘇政治領袖爲避免類似的軍備衝突再次出現，遂在1963年設置「熱線」，以利兩國領袖的直接溝通。

(A)甲乙丙丁　(B)乙甲丙丁　(C)丁丙乙甲　(D)丙丁甲乙

設計此題，是讓同學能再次清楚古巴危機的事件發展脈絡，答案為B。主要是測驗同學歷史理解的能力，也是作本單元的基本史實的概念統整。

最後筆者想用101指考第40題，來為本單元做個結束：

以下是有關古巴危機的兩份資料。

資料一：1980年出版的歷史著作提到：「甘迺迪贏了！蘇聯政府退讓，同意拆除飛彈基地並移回蘇聯。危機發生三個月後，美國也拆除土耳其和義大利領土的所有飛彈。」

資料二：1971出版的《赫魯雪夫回憶錄》寫到：「我們告訴美國人我們同意拆除飛彈，前提是總統要保證不會入侵古巴。最後甘迺迪讓步了。這是蘇聯外交政策的一大勝利，無需一槍一彈的傲人成就。」

這兩份資料對最後哪方獲勝有不同看法，我們應如何解讀？

(A)資料一的論述較正確，因記載的內容都是歷史事實

(B)資料二的論述較正確，因出版時間與古巴危機較近

(C)兩份資料中都呈現了美蘇兩國同意拆除飛彈的訊息

(D)兩份資料沒有相同的訊息，可見兩份資料均為造假

(E)兩份資料的論點不同，但都有他們各自論述的目的

此題答案是C與E，兩段資料雖充滿著溢美虛構的成分，但「假」資料卻有著「真」訊息，兩段資料都在偏袒自己的立場下，紀錄著「同意拆除飛彈」的真實訊息，由此可知，歷史資料並非完全真實，但能從「假」資料找出「真」訊息，這就是歷史核心能力的展現。再者，從上述題幹所給的資訊，很明顯地，都非教科書所提供，其所測驗者，主要學生能理解歷史資料背後的訊息與主觀目的，這些都不是要學生熟記歷史事實，且他的提問方法與命題策略，都是希望學生從文本閱讀，來分析文本的真實內容與思考記錄者的立場所在，此這是筆者設

計上述教學法的用心所在。

注釋

第一章　在歷史研究與教學中發現「閱讀」

1. 關於如何與讀者談論爲何要研究閱讀素養與歷史教學這個主題，我原本是採取一種第三人稱、語帶客觀、冷靜的陳述手法，交代「閱讀」在21世紀初臺灣，如何成爲顯學的過程。但在閱讀Sam Wineburg《歷史思考及其他有待後天培養的能力》後，他有一段話批判傳統教科書的意見，我覺得非常有趣，且深受啓發：「教科書消除『後設話語』（metadiscourse），教科書作者在文本中強行規定文本的敘述角度與立場。後設話語在歷史學家們的寫作上很常見，但在給學童的教科書中則會被抹除，且也隱匿或消除這些文本從何而來的痕跡。所以教科書很少引用文獻記載；當原始資料出現時，通常會放置在『邊欄』中，以免干擾主要的文本敘述。最終，教科書常以無所不知的第三人稱陳述，且用沒有看見的超越姿態，來面對讀者。」所以他這本書討論歷史教育的教科書，就改採「後設認知」的策略，以第一人稱的方式，生動地向讀者敘述他如何與爲何會產生跟傳統歷史教學不同的看法，我對他的上述意見深感認同。引文請見：Sam Wineburg, *Historical Thinking and Other Unnatural Acts: Charting the Future of Teaching the Past*, (Philadelphia: Temple University Press, 2001), 12-13.

2. 《奏摺檔》，（臺北，國立故宮博物院），道光二十一年六月，頁95，奕山奏稿。關於此段史料的學術討論，可見：莊德仁，《顯靈：清代靈異文化之研究——以檔案資料爲中心》，國立師範大學歷史研究所專刊（32），民國92年，頁156-157。

3. 請見：莊德仁，〈談歷史核心能力與教學〉，《歷史專刊》，全華出版社，2011年3月。莊德仁，〈互動式教學法—以中國史澶淵之盟爲例〉，《歷史報報》，第三期，康熙出版社，2011年4月。莊德仁，〈互動式教學法—以高一中國史澶淵之盟爲例〉，《歷史學科中心電子報》，第57期2011年5月。莊德仁，〈互動式教學的應用—以「臺灣原住民：沒有歷史的民族」爲例〉，《歷史學科中心電子報》，第62期，2011.10。莊德仁，〈性別平等融入教學教案設計：以「近世中國經濟發展與人口問題」爲例〉，《歷史學科中心電子報》，第64期，2012年3月。莊德仁，〈互動史教學法：以秦漢帝國體制與編戶齊民社會爲例〉，《歷史學科中心電子報》，第66期，2012年5月。莊德仁，〈遊戲、互助與有效教學：「古巴危機」的歷史教學新嘗試〉，《歷史學科中心電子報》，第80期，2013年8月。

4. 莊德仁，〈難題的誕生：以九十三年大學學科能力測驗歷史科考題爲例〉，《高中歷史教學通訊》，第十六期，臺北，臺北市高級中學人文及社會學科輔導網歷史科輔導團出版，2004年6月。莊德仁，〈從高中歷史科指考試題與教材探討：教學時數減少、

課程內容改變的合理性〉，《歷史月刊》，第203期，2004年12月。莊德仁，〈進步或停滯：2005年歷史科指考試題評價意見〉，《歷史月刊》，第216期，2006年1月。莊德仁，〈從義和團與整體史談歷史科大考試題〉，《社會新天地》，第十三期，龍騰出版社，2006年3月。莊德仁，〈危險、一元與猜謎：談97學年高中學測歷史科試題〉，《歷史月刊》，第243期，2008年4月。莊德仁，〈「管蔡之亂」：談現今臺灣歷史科大考試題評論的分歧〉，《清華歷史教學》，第20期，清華歷史研究所，2009年10月。莊德仁，〈回歸歷史：談98指考歷史科試題（上）〉，《高中歷史電子報》第5期，翰林出版社，2010年4月。莊德仁，〈回歸歷史：談98指考歷史科試題（下）〉，《高中歷史電子報》第6期，翰林出版社，2010年5月。莊德仁，〈傳統、能力與方法：大學入學考試中的歷史科解釋性試題分析（1990年～2011年）〉，《歷史教育》，第19期，2012年12月，頁131-161。

5. 柯華葳，《教出閱讀力2：培養SUPER小讀者》，臺北：天下雜誌，2009年，頁21。

6. 陳木金、許瑋珊，〈從PISA閱讀評量的國際比較探討閱讀素養教育的方向〉，《教師天地》，第181期，101年12月，頁5。

7. 柯華葳，〈從心理學觀點談兒童閱讀能力的培養〉，《華文世界》，74期，1994年12月，頁63-67。

8. 宋曜廷、劉佩雲、簡馨瑩，〈閱讀動機量表的修訂及相關因素之研究〉，《測驗學刊》，50卷第1期，2003年6月，頁47-72。

9. 洪儷瑜，〈學歷或是學力—談閱讀素養對教育之啟示〉，《教育研究月刊》，210期，2011年10月，頁16。

10. UNESCO (2005). *Aspect of literacy assessment: Topics and issues form the UNESCO expertmeeting*. Paris: Author, 21.

11. 秦夢群，〈美國一九九○年代後之教育改革及對我國之啟示〉，《教育資料與研究》，43期，民90年11月，頁1。

12. 秦夢群，〈美國一九九○年代後之教育改革及對我國之啟示〉，頁4。

13. 林永豐、詹盛如，〈英國1990年代後期職業教育改革動向〉，《教育資料與研究》，43期，民90年11月，頁223。

14. 陳伯璋主持，《全方位的國民核心素養之教育研究》，行政院國科會補助專題研究計畫，民國96年11月，頁39-40。

15. 羊憶蓉，〈一九九○年的澳洲教育改革：「核心能力」取向的教育計劃〉，《教改通訊》，20期，1996年，頁2-3。

16. 江愛華，〈二十一世紀澳洲初等教育教改政策目標與計畫解析〉，《教育資料集刊》，第33期，2007年，頁1-8。

17. 劉子鍵、柯華葳，〈初探十八歲青少年需要之重要能力：能力的架構、意義與內涵〉，《教育研究》，140期，2005年，頁22-29。甄曉蘭分析九年一貫課程綱要的設計理念，發現其課程的理念，主要是重視培養學生批判思考與解決問題的能力，此課程規畫是從培養「一個現代化國民所需具備的素養」來思考，故不再那麼強調「學術理性」（academic rationalism）取向，但會突出「個人關聯」（personal relevance）和「社會關聯」（social relevanc取向的教育目的。以上請見:甄曉蘭，《中小學課程改革與教學革新》，台北：元照出版社，民國90年，頁32。

18. 國際閱讀評比的閱讀標準，請見：柯華葳，《教出閱讀力2：培養SUPER小讀者》，臺北：天下雜誌，2009年，頁22-23。

19. 蔡清田，〈課程改革中的素養（Competence）與知能（Literacy）之差異〉，《教育研究月刊》，2011年3月，頁90。筆者在此想提醒讀者的是：Literacy一般學界都翻譯成「素養」，蔡清田在此特別用Competence作為「素養」（Competence），而把Literacy翻譯成「知能」。此也可看出著重能運用在日常生活「素養」，比強調知識學習的「知能」，愈來愈受重視。且原本強調知識學習能力的Literacy，也增添能運用於生活上的能力，故會出現一般學界也把Literacy翻譯成「素養」現象，「閱讀素養」更成為熱門詞彙。柯華葳即把Literacy翻譯成「素養」，且增添其運用於社會生活的功效，見：柯華葳，〈素養是什麼〉，《親子天下》，第25期，2011年7月，頁30。

20. 以上有關內容，可參考：教育部，十二年基本教育網站。請見：http://12basic.edu.tw/Detail.php?LevelNo=206。

21. 以上有關2006年臺灣學生在PIRLS的成績表現，均參考：柯華葳、詹益綾、張建妤、游婷雅，《臺灣四年級學生閱讀素養（PIRLS 2006報告）》，桃園：中央大學學習與教學研究所，2008年。

22. 以上提升教育素養的政策推動，引自：陳木金、許瑋珊，〈從PISA閱讀評量的國際比較探討閱讀素養教育的方向〉，頁4-5。

23. 以上有關2011年臺灣學生在PIRLS的成績表現，均參考：柯華葳、詹益綾、丘嘉慧，《臺灣四年級學生閱讀素養（PIRLS 2011報告）》，桃園：中央大學學習與教學研究所，2013年6月，頁4。就在筆者本書完稿之際，恰公布2012年臺灣學生的PISA閱讀素養成績，由2009年的23名躍升至第8名，顯示教育社群的積極投入，可以造成閱讀素養的正向提升。

24. 觀點可參見學習金字塔理論（Cone of Learning）。Dale, E. (1946). The cone of experience. In Audio-visual methods in teaching. (pp. 37-51). New York: Dryden Press. In D. P. Ely & T. Plomp (Eds.), Classic Writings on Instructional Technology (Vol. 1, pp. 169 -180). Englewood: Libraries Unlimited, Inc.

25.關於上述認知心理學的學習知識，請見：Richard E. Mayer.林清山譯，《教育心理學—認知取向》，臺北：遠流出版社，1995年，頁，頁10-11。

第二章　理解「閱讀」理論與「閱讀」能力指標

1. 柯華葳，《教出閱讀力2：培養SUPER小讀者》，臺北：天下雜誌，2009年，頁21。

2. Lyon. R (1988), *Why reading is not a natural process. Educational Leadership*, 55(6), 14-18.

3. Durkin. D (1966) *children who read early*. New York: Teachers College Press.

4. 柯華葳，〈閱讀能力的發展〉，收入曾進興策劃主編《語言病理學基礎第三卷》，臺北：心理出版社，1999年，頁83。

5. Flavell, J. H. (1976). *Metacognitive aspects of problem solving*. In L. B. Resnick (Ed.), The nature of intelligence. Hillsdale, NJ: Erlbaum, 231-236.

6. Chall, J. S. (1983). *Stages of reading development*. New York, New York: McGraw-Hill.293.

7. 以上閱讀理論的學術史發展，請參見：王瓊珠，《故事結構教學與分享閱讀》，臺北：心理出版社，2004年，頁5-6。

8. 曹祥芹、韓雪屏主編，《國外閱讀研究》，鄭州：大象出版社，2002年，頁15-16。

9. J. D. Bransford, A. L. Brown, and R.R. Cocking eds., *How People Learn: Brain, Mind, Experience and School*. (Washington D.C.: National Academy Press, 1999) 這本書也有中文譯本：上述資料參見：鄭谷苑、郭俊賢譯《學習原理：心智、經驗與學校》，臺北：遠流出版社，2004年，頁28-29。

10. 《學習原理：心智、經驗與學校》，頁31。

11. 《學習原理：心智、經驗與學校》，頁33-35。

12.Stanislas Dehaene，洪蘭譯，《大腦與閱讀》（Reading in the Brain）》，臺北：信誼出版社，2012年，頁63。

13.Vygotsky早在1930年代已提出人的認知學習，是在社會與文化情境下辯證地發展，且不斷地持續更新，此可見：侯天麗，〈Vygotsky之兒童觀〉，收入洪儷瑜等主編《突破學習困難—評量與因應之探討》，臺北：心理出版社，2005年，頁295。Vygotsky在20世紀初如同先知一般，已提出許多卓見，其理論待認知心理學派興盛時，又再受到重視。正文中所闡述觀點請參見：Vygotsky, L. S. (1978). *Mind in society: The development of higher psychological processes*. Cambridge, MA: Harvard University Press, 95-102.

14.Wood, D. J., Bruner, J. S., & Ross, G. (1976). *The role of tutoring in problem solving. Journal of Child Psychiatry and Psychology*, 17(2), 89-100.

15. 《學習原理：心智、經驗與學校》，頁36-43。

16.OECD (2006) Assessing Scientific, *Reading and Mathematical Literacy: A Framework for PISA 2006*, 46.

17.OECD (2006) *Assessing Scientific, Reading and Mathematical Literacy: A Framework for PISA 2006*, 50。此圖的中文翻譯，請見於：臺灣PISA國家研究中心，《PISA閱讀素養應試指南》，臺南，國立臺南大學，2008年12月，頁8。

18.關於PISA閱讀素養指標的內涵，參考自：臺灣PISA國家研究中心，《PISA閱讀素養應試指南》，臺南，國立臺南大學，2008年12月，頁6。

19.改寫自：伊藤潔著・江萬哲譯，《臺灣——四百年的歷史與展望》，（臺北：新遠東出版社，1994年），頁113-114。

20.改寫自：蔡錦堂，《戰爭體制下的臺灣》，臺北：日創社文化，2006年，頁101。

21.改寫自：林偉盛，〈清代臺灣分類械鬥發生的原因〉，收入張炎憲主編，《臺灣史論文精選》上冊，玉山社，1996年，頁265。

22.改寫自：陳豐祥，《歷史一》，臺北，泰宇出版社，101年，頁21-22。

第三章　在課堂上進行有效的閱讀教學

1. 柯華葳，〈閱讀能力的發展〉，收入曾進興策劃主編《語言病理學基礎第三卷》，臺北：心理出版社，1999年，頁84。

2. 陳密桃，〈從認知心理學的觀點談閱讀理解〉，《教育文粹》，國立高雄師範大學，第21期，1992年5月，頁10-11。

3. Gough, P.B. (1972). One second ofreading. In J.F. Kavanagh &I.G.Mattingly (eds.), *Language by earand by the eye*, Cambridge, MA: MIT Press, 331-358. LaBerge, D. & Samuels, S.J. (1974). *Toward a theory of automatic information processing in reading*. Cognitive Psychology, 6, 293-323.

4. Richard E. Mayer.林清山譯，《教育心理學—認知取向》，臺北：遠流出版社，1995年，頁281。

5. 參考：Reutzel, D. R. & Cooter, R. B., *Teaching children to read: From basals to books* (2nd ed.), 1996. New Jersey, NJ: Prentice-Hall Inc, 44.

6. Goodman, K. S. (1967). *Reading: A psycholinguistic guessing game. Journal of the Reading Specialist*, 6,126-135.

7. Richard E. Mayer.林清山譯，《教育心理學—認知取向》，臺北：遠流出版社，1995年，頁281。

8. Reutzel, D. R. & Cooter, R. B., *Teaching children to read: From basals to books* (2nd ed.), 1996. New Jersey, NJ: Prentice-Hall, Inc, 48.

9. Rumelhart, D. E., Toward an interactive model of reading. In H. Singer & R. B.Ruddell (Eds.), *Theoretical model and processes of reading. (3rd ed.)*, 1985. Newark, DE: International Reading Association, Inc, 736.

10. 柯華葳，〈語文科的閱讀教學〉，收入於李吟主編，《學習輔導：學習心理學的應用》，臺北：心理出版社，1993年，頁307-349。

11. Kintsch, W. (1988). *The use of knowledge in discourse processing: A Construction-Integration Model. Psychological Review*, 95, 163-182.

12. 此在認知心理學稱作前導組體（advance organizer），學者研究若在閱讀前先給閱讀者一個文章的概念架構，如此將方便閱讀透過他的先備知識，來理解之後的閱讀文章。此種在閱讀前的學習策略，會使閱讀更為有效，因為其讓閱讀者的內在資訊產生外在聯結，會讓閱讀者更為主動，且使閱讀呈現互動的狀態。請見：Richard E. Mayer.林清山譯，《教育心理學—認知取向》，頁137-142。

13. 此在認知心理學稱作標示（signaling），根據學者研究：標示有助於閱讀者增加50%解決問題的好答案，此方法尤其有利於透過概念來組織學習教材。請見：Richard E. Mayer.林清山譯，《教育心理學—認知取向》，頁146-150。

14. 改寫自：陳豐祥，《歷史一》，臺北：泰宇出版社，101年，頁105。

15. 改寫自：薛化元，《歷史一》，臺北：三民出版社，民國101年，頁115。

16. Sam Wineburg, *Historical Thinking and Other Unnatural Acts: Charting the Future of Teaching the Past*, (Philadelphia: Temple University Press, 2001), 84.

17. 改寫自：白先勇，《父親與民國—上冊·戎馬生涯》，台北：時報出版，2012年，頁229-233。

18. 改寫自：蔣永敬，《歷史三》，臺北：國立編譯館，民國88年，15版，頁172-175。

19. Wineburg認為所謂的專業教學，不是作一些引起學生興趣的多樣性教學設計，教師要改變的與其是選擇新方法，不如是知識的轉換。所以他建議「歷史教師必須選擇且多樣性地呈現不同歷史知識，讓原本沒有多少學習動機的學童，因受新刺激而產生新的理解。」見：Sam Wineburg, *Historical Thinking and Other Unnatural Acts: Charting the Future of Teaching the Past*, (Philadelphia: Temple University Press, 2001), 81.

20. Wineburg認為史學家與中學生的差別之一是：史學家會注意資料的來源，且重視第一手史料。見：Sam Wineburg, Daisy Martin, Chauncey Monte-Sano, *Reading Like a Historian: Teaching Literacy in Middle and High School History Classrooms* (Teachers College Press, Teachers College, Columbia University, 2011), vi.

21. Richard E. Mayer.林清山譯，《教育心理學—認知取向》，頁150。

22. 關於如何提問，可參見：陳欣希等，《問好問題》，臺北：天衛出版社，2011年，頁

19-23。

23.柯華葳，《教出閱讀力2：培養Super小讀者》，臺北：天下雜誌出版社，2009年，頁116。

24.引自：三民編輯部，《歷史的事實‧三民的保證—98指考解析》，臺北：三民出版社，民國98年7月，頁8。

25.柯華葳，《教出閱讀力2：培養Super小讀者》，頁131-133。

26.可參考：三民編輯部，《歷史的常勝軍—95指考解析》，臺北：三民出版社，民國95年7月，頁17。

27.可參考：三民編輯部，《歷史的凱歌—95學測解析》，臺北：三民出版社，民國95年2月，頁8。

28.可參考：三民編輯部，《歷史的歡樂頌—96學測解析》，臺北：三民出版社，民國96年2月，頁4-5。

29.可參考：三民編輯部，《歷史的歡樂頌—96學測解析》，頁13。

30.參見柯華葳，《教出閱讀力2：培養Super小讀者》，頁135-140尤其是頁136。

31.三民編輯部，《歷史的事實‧三民的保證—98指考解析》，頁19-20。

32.三民編輯部，《歷史的事實‧三民的保證—98指考解析》，頁22。

33.參見柯華葳，《教出閱讀力2：培養Super小讀者》，頁140。

第四章　提升學生的閱讀素養：從認識文體形式出發

1. A.C. Graesser, K. Hauft-Smith, A.D. Cohen, and L.D. Pyles, *Advanced Outlines, Familiarity, and Text Genre on Retention of Prose, The Journal of Experimental Education*, vol. 48, Summer. 1980, 281-290.

2. 柯華葳，《教出閱讀力2：培養Super小讀者》，頁94。

3. Kameenui, E. J., & Simmons, D. C. (1990). *Designing instructional strategies*. Columbus, Ohio: Merrill Publishing. Kendra, M. H., Brenda, L. S., & Michelle, M. C. (2005). *Expository text comprehension: helping primary-grade teachers use expository texts to full advantage. Reading Psychology, 26*(3), 211-234.

4. Richard E. Mayer.林清山譯，《教育心理學—認知取向》，頁190。

5. Chambliss, M. J. (1995). *Text cues and strategies successful readers use to construct the gist of lengthy written arguments. Reading Research Quarterly*, 30, 778-807.

6. Meyer, B. J. F. (1981). *Basic research on prose comprehension: A critical Review*. InD. F. Fisher, & C. W. Peters (Eds.), *Comprehension and the Competent Reader: Inter-Specialty Perspectives*. New York: Praeger. 8-35。也可參見：Richard E. Mayer. 林清山譯，《教育

心理學—認知取向》，頁210。

7. John D. Bransford, *How People Learn: Brain, Mind, Experience, and School*.鄭谷苑、郭俊賢譯，《學習原理：心智、經驗與學校》，臺北：遠流出版社，2004年，頁58。

8. 見：Josh Waitzkin，游敏譯，《學習的王道》，臺北：大塊文化出版社，2009年，頁89。

9. Meyer, B. J. F., Brandt, D. M., & Bluth, G. J. (1980), *Use of Top-Level Structure in Text: Key for Reading Comprehension of Ninth Grade Students, Reading Research Quarterly, 16*(1), 72-103. Cook, L. K., & Mayer, R. E. (1988). *Teaching readers about the structure of scientific text. Journal of Educational Psychology*, 80, 448-456. Taylor, B. M. (1992). *Text Structure, Comprehension and Recall*. In S. J. Samuels & A. E. Farstrup (Eds.), *What Research Has To Say About Reading Instruction* (2nd ed), Newark, DE: International Reading Association, 220-235。柯華葳，《教出閱讀力2：培養Super小讀者》，頁94-108。

10. 可參考：三民編輯部，《歷史的凱歌—95學測解析》，臺北：三民出版社，民國95年2月，頁8。

11. 可參考三民編輯部，《歷史的新時代—98學測解析》，臺北：三民出版社，民國98年2月，頁5-6。

12. 可參考：三民編輯部，《歷史的冠冕—99學測解析》，臺北：三民出版社，民國99年2月，頁13。

13. Peter Lee, *Understand History*, in Peter Seixas (ed.), *Theorizing Hidtorical Consciousness*, Toronto: University of Toronto Press Incorporated, 2004, 131.

14. 林慈淑，《歷史，要教什麼？：英美歷史教育的爭議》，臺北：臺灣學生書局，2012年，頁234。

15. 何兆武，〈自序〉，《歷史與歷史學》，湖北：湖北人民出版社，2007年6月，頁1。

16. 改寫自：魏斐德（Wakeman. F. E.）陳蘇鎮，薄小瑩等譯，《洪業：清朝開國史》，江蘇：江蘇人民出版，1992年，頁949-950。

17. 改寫自：黃啓江，《北宋佛教史論稿》，臺北，商務印書館，1997年，頁134。

18. 改寫自：錢穆，《國史大綱》，〈引論〉，收入《錢賓四先生全集》第27冊（臺北：聯經出版公司，1998）頁36。

19. 陳衡哲，《文藝復興小史》，（上海，商務印書館，民國15年1月），頁55-56。

20. 王夫之，《讀通鑑論》上冊，臺北：里仁出版社，民國74年，頁593。

21. 改寫自：余英時，〈從中國史的觀點看毛澤東的歷史位置〉，《歷史人物與文化危機》，臺北：東大出版社，民國84年，頁39。

22. Peter J. Lee (2005), *Putting Principles into Practise: Understanding History, in How Students*

Learns: history, mathematics, and science in the classroom, 33.

23.有關歷史關鍵概念的內涵,主要出自於英國「新歷史科」運動的學者,筆者所引用的「時序」、「神入」、「變遷／延續」、「因果」、「證據」、「陳述」,即出自於英國學者Peter J. Lee的觀點,他正是當前英國「新歷史科」運動的主要代表人物之一。在此還想提醒讀者,歷史關鍵概念是學者針對「何謂歷史學的本質」,此一課題所提出的反省,其會隨著歷史學的研究發展而有不同的內涵,故它是個仍在發展中的議題,筆者所列舉的上述六者,是目前較常出現於臺灣歷史大考試題所測驗的主要概念。對於歷史關鍵概念的發展歷程,可見:林慈淑,《歷史,要教什麼?:英美歷史教育的爭議》,頁307-362。

24.Peter J. Lee (2005), *Putting Principles into Practise: Understanding History*, in *How Students Learns: history, mathematics, and science in the classroom*, 41.

25.Peter J. Lee (2005), *Putting Principles into Practise: Understanding History*, in *How Students Learns: history, mathematics, and science in the classroom*, 44.

26.布勞岱爾所提出的三層時間觀,長時段指地理結構因素,中時段指社會情勢發展,短時段則是歷史事件發生,往往歷史事件發生帶動趨勢的變遷,長時段的地理結構因素依然不變,持續且穩定的延續發展。見:張廣智、張廣勇,《史學—文化中的文化》,臺北,淑馨出版社,1992年,頁362-363。

27.見:Georges Duby, Problems and Methods in Cultural History, *Love and Marriage in the Middle Ages*, polity Press and the University of Chicago 1994, 133。或:莊德仁,〈評介 Georges Duby: History Continues《歷史的傳承》〉,《史耘》,第五期,1999年9月,頁233。

28.三民編輯部,《歷史的事實・三民的保證—98指考解析》,臺北:三民出版社,民國98年7月,頁11。

29.Peter J. Lee (2005), *Putting Principles into Practise: Understanding History*, in *How Students Learns: history, mathematics, and science in the classroom*, 47-49.

30.Peter J. Lee (2005), *Putting Principles into Practise: Understanding History*, in *How Students Learns: history, mathematics, and science in the classroom*, 49.

31.呂紹理著,《水螺響起:日治時期臺灣社會的生活作息》,臺北:遠流出版社,1998年,頁177-178。

32.資料來源:大考中心網站「101學年度指定科目考試統計圖表」http://www.ceec.edu.tw/AppointExam/DrseStat/101DrseStat/101DrseStatIndex.htm。

33.Peter J. Lee (2005), *Putting Principles into Practise: Understanding History*, in *How Students Learns: history, mathematics, and science in the classroom*, 54.

34.可參考：三民編輯部，《熟悉課本固根本強化閱讀取高分—102指學測解析》，臺北：三民出版社，民國102年7月，頁9。

35.Sam Wineburg主張「閱讀資料可以構成歷史課堂探究的中心，但閱讀只不過是其中的部分：一定要伴隨著寫作陳述。」請見：Sam Wineburg and Daisy Martin (2004), *Reading and Rewriting History*, Educational Leadership 62, no. 1: 44-45.

36.Peter J. Lee (2005), *Putting Principles into Practise: Understanding History*, in *How Students Learns: history, mathematics, and science in the classroom*, 59.

37.引文請見：臺灣PISA國家研究中心，《PISA閱讀素養應試指南》，臺南，國立臺南大學，2008年12月，頁3。

38.臺灣PISA國家研究中心，《PISA閱讀素養應試指南》，頁1。

第五章　讓閱讀改變傳統歷史教學法

1. 美國教育學者Wineburg對於美國社會長期以來歷史知識貧乏現象，備感憂心，且發現美國教育界一直努力地想要改變此種現象；他認為只依憑教科書作講述法教學，且又測驗片段的知識，很可能是造成此現象的元兇，他曾用心理學者對於瘋狂的定義：「不斷做相同的事情，卻期待著會有不同的結果」，來描述這種荒謬的教育改革現象。請見：Sam Wineburg, *Crazy for History, Journal of American History*, Vol.90, no. 4 (March 2004), 1413.

2. 以上教學建議，實參考認知心理學相關理論，有興趣的讀者可參見：J. D. Bransford, A. L. Brown, and R.R. Cocking eds., *How People Learn: Brain, Mind, Experience and School*. （Washington D.C.: National Academy Press, 1999）這本書也有中文譯本：上述資料參見：鄭谷苑、郭俊賢譯《學習原理：心智、經驗與學校》，臺北：遠流出版社，2004年，頁45-47。

3. Sam Wineburg, Daisy Martin, Chauncey Monte-Sano, *Reading Like a Historian: Teaching Literacy in Middle and High School History Classrooms* (Teachers College Press, Teachers College, Columbia University, 2011).另外，台灣歷史教育學者吳翎君也認為歷史教學應以爭論性議題為核心，將正反不同觀點呈現給學生，此教學方法有助於理解他人不同的意見、釐清爭議性問題、訓練思考與統整能力。見：吳翎君，《歷史教學理論與實務》，台北：五南書局，2004 年，頁156。強調歷史教學應著重於思維能力的培養，可見：黃綉媛，〈培養歷史思考能力的教學策略〉，《中學教育學報》，第四期，民國86年6月，頁165-189。

4. Sam Wineburg, *Historical Thinking and Other Unnatural Acts: Charting the Future of Teaching the Past*, (Philadelphia: Temple University Press, 2001), 29.

5. Sam Wineburg, *Historical Thinking and Other Unnatural Acts: Charting the Future of Teaching the Past*, 29.

6. Sam Wineburg, *Historical Thinking and Other Unnatural Acts: Charting the Future of Teaching the Past*, 90.

7. Sam Wineburg, *Historical Thinking and Other Unnatural Acts: Charting the Future of Teaching the Past*, 92.

8. 筆者非常肯定Wineburg提供許多原始史料，在幫助學生建構歷史脈絡的學習價值。許多讀者一聽到原始史料，很容易會想到那些汗牛充棟、文字古奧的史料，若以此觀點來看Wineburg所提供的教學教材，他比較是屬於簡短與適切的文本訊息，因為其所提供清楚的教學意義，更對學生學習歷史概念與策略的順暢，有更精準的教學方便性。且真正的歷史學家的歷史研究，並非是從一堆已被挑選的史料中建構脈絡，而是在欠缺明確方向的史料大海中，搜尋可用的資訊，這種爬梳的能力，自然非是Wineburg設計的教材所能提供，所以，中學歷史教學目的既是「像歷史學者一樣思考」，筆者建議可以先提供較精準、簡短的多元文本，來作為學習教材。Wineburg也明白地承認他所提供的資料都是經過挑選文本精確的精華，濃縮甚至改寫成足以凸顯歷史文題的片段資料，見：Sam Wineburg, Daisy Martin, Chauncey Monte-Sano, *Reading Like a Historian: Teaching Literacy in Middle and High School History Classrooms* (Teachers College Press, Teachers College, Columbia University, 2011) vii。這種想法也可見：Steven A. Stahl, Cynthia R. Hynd,Bruce K. Britton,Mary M. McNish, Dennis Bosquet, *What Happens When Students Read Multiple Source Documents in History? Reading Research Quarterly* 31, No 4, (October/November/December 1996), 447.

9. Wineburg發現提供與教科書內容反差的文本，是培養學生歷史思維的重要教材，且透過閱讀文本資料，教師更可發現學生的差異性。因為除了閱讀者在解讀文本資料的作者，文本資料也在解讀閱讀者。當面對片段的文本資料，閱讀者可以採取許多種角度來試圖理解，所以文本並非表現一套固定永恆的意義，而是呈現著許多交錯，甚至誤讀的可能，這些可能，正是讓教師更深入了解學生差異性的機會。請見：Sam Wineburg, *Historical Thinking and Other Unnatural Acts: Charting the Future of Teaching the Past*, 74.

10. 《學習原理：心智、經驗與學校》，臺北：遠流出版社，2004年，頁50。

11. 可見：佐藤學，鍾啓泉譯，《課程與教學》，北京：教育科學出版社，2012年，第六刷，頁53-57。

12. 《學習原理：心智、經驗與學校》，臺北：遠流出版社，2004年，頁50-51。

13. 可見：佐藤學，鍾啓泉譯，《課程與教學》，頁46-51。

14.《學習原理：心智、經驗與學校》，臺北：遠流出版社，2004年，頁51-52。

15.《學習原理：心智、經驗與學校》，臺北：遠流出版社，2004年，頁52。

16.關於「近側發展區」理論可見：Vygotsky, L.S. (1978). *Mind in society: The development of higher psychological process* (M. Cole, V. John-Steiner, S. Scribner and E. Souberman, eds.). Cambridge, MA: Harvard UniversityPress, 85-86。佐藤學的觀點，可見：佐藤學，鍾啓泉譯，《學習的快樂——走向對話》，北京：教育科學出版社，2013年，第八刷，頁56-57。

17.此觀點可參見學習金字塔理論（Cone of Learning）。根據研究學生透過不同方式來學習相關課程，兩周之後，所記憶的內容：講述教學法僅5%，閱讀有10%，而教導別人或運用在學習上，高達90%。請見：Dale, E. (1946). *The cone of experience. In Audio-visual methods in teaching.* (pp. 37-51). New York: Dryden Press. In D. P. Ely & T. Plomp (Eds.), Classic Writings on Instructional Technology (Vol. 1, pp. 169-180). Englewood: Libraries Unlimited, Inc.

18.宋佩芬，〈講述中的歷史思維教學：一些可能與問題〉，《師大學報：教育類》，53卷1期，2008年4月，頁192。

19.在歷史課堂上加上問題與討論的教學，可以提升學生學習效果。宋佩芬，〈講述中的歷史思維教學：一些可能與問題〉，頁193。日本學者佐藤學在他實際推動學習共同體的經驗，認爲4人一組，男女混編，在課堂實施以討論探究問題的合作式學習，效果較好。請見：佐藤學，鍾啓泉譯，《學校的挑戰》，上海：華東師範大學出版社，2012年，第六刷，頁33。

第六章　設計歷史教材的原則與策略

1. 學者發現美國在20世紀末，有超過一半的老師，也是僅用一本教科書作爲主要教學內容。見：Steven A. Stahl, Cynthia R. Hynd, Bruce K. Britton, Mary M. McNish, Dennis Bosquet, *What Happens When Students Read Multiple Source Documents in History? Reading Research Quarterly* 31, No 4, (October/November/December 1996), 430.

2. 歷史核心能力的相關概念，可見：教育部，《「普通高級中學課程綱要」—歷史課程綱要》，2011年5月27日，頁2。

3. 關於時序、變遷與因果概念的分別重要性，可見於：林慈淑，《歷史，要教什麼？：英美歷史教育的爭議》，頁309、327、340。

4. 在筆者將「文本閱讀」放入歷史核心能力時，意外地發現，負責臺灣大學入學考試的大考中心也有同樣的舉動，明確地將「文本閱讀」放入指定科目考試的測驗目標中，其共列出四項：「基礎知識」、「文本閱讀」、「歷史解釋」與「資料證據」。在將

大考中心公布的測驗目標，與筆者所列出的「歷史概念」、「歷史理解」、「歷史解釋」與「文本閱讀」對照，出現有趣的現象，「基礎知識」與「歷史理解」相近，且「基礎知識」似乎包含著「變遷」與「因果」等歷史概念。「文本閱讀」主要內涵是文本意旨與文本形式，與我提出的理念一致。「歷史解釋」一項也與我的理念相同，唯「資料證據」一項主要強調歷史概念中的「證據」概念，又強調資料與歷史論證的對應關係，此點似乎與「文本閱讀」中的分析文本的形式與論證相近，更重要缺少「時序」這個概念，且同樣無法凸顯「時序」、「神入」、「變遷」、「因果」、「證據」、「陳述」這六個歷史學特有的理解概念。見：大學入學考試中心，《指定考試科目：歷史考科考試說明（試用於101課綱）》，臺北：大學入學考試中心，民國102年9月，頁1-3。

5. 可見：林慈淑，《歷史，要教什麼？：英美歷史教育的爭議》，頁222-249。

第七章　培養閱讀素養的歷史教材

1. 改寫自：周姚萍，《臺灣歷史故事5—日本統治的時代》，臺北：聯經出版社，1996年，頁10。
2. 改寫自：陳豐祥，《歷史一》，臺北：泰宇出版社，2011年，頁96。
3. 改寫自：天下雜誌編輯，《發現臺灣1620-1945》，臺北：天下雜誌，1991年11月，頁158。
4. 改寫自：天下雜誌編輯，《發現臺灣1620-1945》，臺北：天下雜誌，1991年11月，頁158。
5. 陸奧宗光，《蹇蹇錄》，伊含石譯，北京，商務印書館，1963年，頁8。
6. 藤村道生，《日清戰爭》，東京：岩波書店，1976年，第四版，頁160。
7. 轉引自：王連夫，〈清政府的「保臺活動」及其失敗〉，《史學月刊》，第6期，1994年12月，頁63。
8. 孫瑞芹譯，《德國外交文件有關中國交涉史料選譯》，第一卷，北京：商務印書館，1960年，頁29。
9. 改寫自：陳豐祥，《歷史一》，頁97。
10. 轉引自：http://www.hyes.tyc.edu.tw/～sk7/s11.htm。
11. 此傳聞資料見：喜安幸夫，《臺灣抗日秘史》，臺北：武陵出版社，1984年，頁3。
12. 以上資料節錄自《李文忠公全集》電稿，轉引自：戚其章，《甲午戰爭史》，（上海，上海人民出版社，1990年，頁411。
13. 「證據三明治」又稱作「證據漢堡」，它是透過明確書寫架構，來培養與發展學生歷史思考的工具。首先要學生把一段文字分成三個部分：上層的那一片麵包是開始的論

題，爲中間那層牛肉和生菜的各項證據所支持，接著的底層麵包是結語性的論述，要求學生需要用證據來回應問題。

關於「證據三明治」的理論介紹，可見：張元，〈證據三明治：讀Teaching History 91 (1998) pp.17～19〉，《清華歷史教學》第15期，2004年11月，頁143-144。

14. 轉引自：王連夫，〈清政府的「保臺活動」及其失敗〉，《史學月刊》，第6期，1994年12月，頁62。

15. 可見：吳密察，〈1895年臺灣民主國的成立經過〉，收入張炎憲等編：《臺灣史論文精選（下）》，臺北：玉山社，1996年，頁39。

16. 左舜生編，〈唐維卿中丞奏稿〉，收入《中國近百年史資料續編》，下冊，北京。中華書局，民國27年，頁316。

17. 請見：J. W. Davidson, *The Island of Formosa, Past and Present*, (New York, 1903), 200。翻譯爲筆者所自譯。

18. 此網路資料轉引自：http://www.palakuan.org/profiles/blogs/tai-wan-min-zhu-guo-jian-guo

19. 請見：J. W. Davidson, *The Island of Formosa, Past and Present*, 284.

20. 改寫自：薛化元，《歷史一》，臺北：三民出版社，2011年，頁112。

21. 改寫自：許世楷，《日本統治下的臺灣》，臺北：玉山社，2006年，頁81。

22. 改寫自：姚嘉文，《黃虎印1—臺灣七色記之四》，臺北：自立晚報出版社，1988年，頁761。

23. 王曉波編，《臺胞抗日文獻選新編》，臺北：海峽學術出版社，1998年，頁36-37。

24. 改寫自：許極燉，《臺灣近代發展史》，臺北：前衛出版社，1996年，頁193。

25. 改寫自：經典雜誌編輯，《赤日炎炎：臺灣1895-1945》，臺北：經典雜誌，2005年，頁100-102。

26. 改寫自：經典雜誌編輯，《赤日炎炎：臺灣1895-1945》，頁68-69。

27. 改寫自：經典雜誌編輯，《赤日炎炎：臺灣1895-1945》，頁102。

28. 改寫自：周婉窈，《臺灣歷史圖說：史前至一九四五年》，臺北：聯經出版公司，1998年，二版二刷，頁114。

29. 改寫自：陳豐祥，《歷史一》，頁99。

30. 以上事蹟摘錄自：黃昭堂著，黃英哲譯，《臺灣總督府》，臺北：前衛出版社，1993年，頁73、75、80。

31. 改寫自：林滿紅，《晚近史學與兩岸思維》，臺北：麥田出版社，2002年，頁273-274。

32. 改寫自：李理，〈六三法的存廢與臺灣殖民地問題〉，《抗日戰爭研究》，2006年11月，第4期，頁48-49。

33.資料引自：楊素霞，〈日治初期臺灣統治政策論的再考：以《時事新報》對漢人統治與拓殖務省問題的討論為中心〉，《亞太研究論壇》，第33期，2006年9月，頁142。

34.本篇文章長期以來一直都被選為高中國文課文，唯到101高中國文課綱，則轉為選讀文章，想看全文和翻譯的讀者，請見：普通高級中學課程國文學科中心網站／文言文網站／文言文學習網站／精選文章／建議選讀。http://chincenter.fg.tp.edu.tw:8080/viewertop.jsp?pattern=&action=success&id=32&originalsTable=originals&translationsTable=translations&table=articles&author=23&chapter=32。

35.改寫自：林劍鳴，《秦史》，臺北：五南出版社，1992年，頁345。

36.資料皆改寫自：陳彥良，〈先秦黃金與國際貨幣系統的形成—黃金的使用與先秦國際市場〉，《新史學》，15卷4期，2004年12月，三則資料分別是頁16、19、37-38。

37.改寫自：黃仁宇，《赫遜河畔談中國歷史》，臺北：遠流出版社，初版六刷，1990年，頁26-27。

38.改寫自：黃仁宇，《赫遜河畔談中國歷史》，臺北：遠流出版社，初版六刷，1990年，頁27-28。

39.改寫自：楊寬，《戰國史》，上海：上海人民出版社，1979年，頁385。

40.顧亭林，《原抄本日知錄》，臺北：文史哲出版社，民國68年，頁631。

41.賈誼的《過秦論》在95課綱時期，也是台灣高中國文課本的共通內容。引文可見網站：teacher.whsh.tc.edu.tw/joy/f2blog/download.php?id=9569

42.改寫自：陳登原，《中國文化史》上冊，臺北：世界書局，1966年，頁228-229。

43.改寫自：章太炎：《秦政記》，收入湯志鈞編：《章太炎政論選集》上冊，北京：中華書局，1977年版，頁500。

44.改寫自：柳詒徵，《中國文化史》，上冊，臺北：正中書局，初版17刷，1990年，頁376。

45.改寫自：陳豐祥，《歷史二》，臺北：泰宇出版社，2012年，頁50。

46.改寫自：邢義田，〈奉天承運—皇帝制度〉，收入鄭欽仁主編，《立國的宏規——中國文化史新論：制度篇》，臺北：聯經出版社，民國71年，頁45。

47.改寫自：王健文，《奉天承運》，臺北：東大出版社，1995年，頁12。

48.改寫自：甘懷真，《皇權、禮儀與經典詮釋：中國古代政治研究》，臺北：國立臺灣大學出版中心，2004年，頁23。

49.改寫自：甘懷真，《皇權、禮儀與經典詮釋：中國古代政治研究》，頁258-259。

50.改寫自：甘懷真，《皇權、禮儀與經典詮釋：中國古代政治研究》，頁258。

51.改寫自：錢穆，《中國歷代政治得失》，臺北：東大出版社，1977年，頁8。

52.改寫自：錢穆，〈引論〉，《國史大綱》，頁14。

53. 此電影海報，請見：http://zh.wikipedia.org/wiki/File:Thirteen_days_poster.jpg。

54. 改寫自：林博文，〈古巴危機小甘假話連篇〉，《中時電子報》，2013年3月27日。http://news.chinatimes.com/forum/11051401/112013032700477.html。

55. 改寫自：帕爾默（R. R. Palmer）、科爾頓（Joel Colton），何兆武、孫福生等譯，《現代世界史》，北京：世界圖書出版公司，2009年，頁832。

56. 改寫自：高亞偉，《歷史四》，臺北：國立編譯館，11版，民國85年，頁172-173。

57. 改寫自：金重遠，《20世紀的世界》，香港：三聯書局，2001年，頁84。

58. 改寫自：Khrushchev, Nikita著，趙紹棣譯，《赫魯曉夫回憶錄》（下），北京：中國廣播電視出版社，1988年，頁485。

59. 改寫自：張盛發，〈試析赫魯雪夫在古巴部署核導彈的動機與決策——寫在古巴導彈危機爆發50周年之際〉，《俄羅斯中亞東歐研究》，2012年第6期，2012年12月，頁67。

60. 改寫自：Khrushchev, Nikita著，趙紹棣譯，《赫魯曉夫回憶錄》（下），北京：中國廣播電視出版社，1988年，頁487。

61. 改寫自：楊存堂主編：《蘇聯歷史檔案選編》，第29卷，北京：社會科學文獻出版社，2002年版，頁243。

62. 改寫自：張盛發，〈試析赫魯雪夫在古巴部署核導彈的動機與決策——寫在古巴導彈危機爆發50周年之際〉，《俄羅斯中亞東歐研究》，2012年第6期，2012年12月，頁65。

63. 改寫自：張盛發，〈試析赫魯雪夫在古巴部署核導彈的動機與決策——寫在古巴導彈危機爆發50周年之際〉，《俄羅斯中亞東歐研究》，2012年第6期，2012年12月，頁64。

64. 上述引文請見：尼爾·弗格森（Niall Ferguson），翁嘉聲譯，《世界大戰：20世紀的衝突與西方的沒落》，臺北：廣場出版社，2013年，頁611。

65. 改寫自：張盛發，〈試析赫魯雪夫在古巴部署核導彈的動機與決策——寫在古巴導彈危機爆發50周年之際〉，《俄羅斯中亞東歐研究》，2012年第6期，2012年12月，頁57。

66. 改寫自：趙繼琦、鄧峰，〈美國新聞署在古巴導彈危機中的行為探析〉，《世界歷史》，2013年第三期，2013年6月，頁17。

67. 改寫自：趙繼琦、鄧峰，〈美國新聞署在古巴導彈危機中的行為探析〉，《世界歷史》，2013年第三期，2013年6月，頁18-19。

68. 謝·赫魯雪夫（Nikita Sergeyevich Khrushchov）郭家申等譯，《導彈與危機——兒子眼中的赫魯雪夫》，北京：中央編譯出版社，2000年，頁642。

69. 改寫自：郝承敦，〈古巴導彈危機新論——關於赫魯雪夫決策動機及結局的分析〉，《拉丁美洲研究》，2002年4月，第2期，頁42。

70. 改寫自：謝·赫魯雪夫（Nikita Sergeyevich Khrushchov）郭家申等譯，《導彈與危機——兒子眼中的赫魯雪夫》，頁642。

71. 改寫自：謝·赫魯雪夫（Nikita Sergeyevich Khrushchov）郭家申等譯，《導彈與危機——兒子眼中的赫魯雪夫》，頁643。

72. 改寫自：謝·赫魯雪夫（Nikita Sergeyevich Khrushchov）郭家申等譯，《導彈與危機——兒子眼中的赫魯雪夫》，頁654。

73. 改寫自：謝·赫魯雪夫（Nikita Sergeyevich Khrushchov）郭家申等譯，《導彈與危機——兒子眼中的赫魯雪夫》，頁650。

74. 改寫自：謝·赫魯雪夫（Nikita Sergeyevich Khrushchov）郭家申等譯，《導彈與危機——兒子眼中的赫魯雪夫》，頁653。

75. 改寫自：蔚藍天，《美國史》，臺北：臺灣商務印書館，民國81年，初版三刷，頁520-521。

76. 以上資料改寫自：帕爾默（R. R. Palmer）、科爾頓（Joel Colton），何兆武、孫福生等譯，《現代世界史》，北京：世界圖書出版公司，2009年，頁834。

77. 改寫自：赫魯雪夫（Khrushchev, Nikita），上海國際問題研究所譯，《最後的遺言——赫魯曉夫回憶錄續集》，上海：東方出版社，1988，頁762。

78. 改寫自：馮雲飛，〈1962古巴導彈危機與蘇聯對中印邊界問題立場的轉變〉，《黨史研究與教學》，2009年4月，第2期，頁24。

79. 上述引文改寫自：尼爾·弗格森（Niall Ferguson），翁嘉聲譯，《世界大戰：20世紀的衝突與西方的沒落》，臺北：廣場出版社，2013年，頁612。

80. 關於「落跑雞」的解釋，請見：尼爾·弗格森（Niall Ferguson），翁嘉聲譯，《世界大戰：20世紀的衝突與西方的沒落》，臺北：廣場出版社，2013年，頁608。

參考書目

中文書目

大學入學考試中心,《指定考試科目:歷史考科考試說明(試用於101課綱)》,臺北:大學入學考試中心,民國102年9月。

三民編輯部,《歷史的凱歌─95學測解析》,臺北:三民出版社,民國95年2月。

三民編輯部,《歷史的常勝軍─95指考解析》,臺北:三民出版社,民國95年7月。

三民編輯部,《歷史的歡樂頌─96學測解析》,臺北:三民出版社,民國96年2月。

三民編輯部,《歷史領航員─97學測解析》,臺北:三民出版社,民國97年2月。

三民編輯部,《歷史的新時代─98學測解析》,臺北:三民出版社,民國98年2月。

三民編輯部,《歷史的事實・三民的保證─98指考解析》,臺北:三民出版社,民國98年7月。

三民編輯部,《歷史的冠冕─99學測解析》,臺北:三民出版社,民國99年2月。

三民編輯部,《熟悉課本固根本強化閱讀取高分─102指學測解析》,臺北:三民出版社,民國102年7月。

天下雜誌編輯,《發現臺灣1620-1945》,臺北:天下雜誌,1991年11月。

王夫之,《讀通鑑論》上冊,臺北:里仁出版社,民國74年。

王連夫,〈清政府的「保臺活動」及其失敗〉,《史學月刊》,第6期,1994年12月。

王仲孚,《歷史一》,臺北:國立編譯館,14版,民國84年。

王健文,《奉天承運》,臺北:東大出版社,1995年。

王曉波編,《臺胞抗日文獻選新編》,臺北:海峽學術出版社,1998年。

王瓊珠,《故事結構教學與分享閱讀》,臺北:心理出版社,2004年。

左舜生編,〈唐維卿中丞奏稿〉,收入《中國近百年史資料續編》,下冊,北京。中華書局,民國27年。

布蘭斯福德等著(J. D. Bransford, A. L. Brown, and R.R. Cocking eds),鄭谷苑、郭俊賢譯《學習原理:心智、經驗與學校》,臺北:遠流出版社,2004年。

甘懷真,《皇權、禮儀與經典詮釋:中國古代政治研究》,臺北:國立臺灣大學出版中心,2004年。

白先勇,《父親與民國──上冊・戎馬生涯》,臺北:時報出版,2012年。

尼爾・弗格森(Niall Ferguson),李承恩譯,《巨人:美國大帝國的代價》,上海:華東師範大學出版社,2007年。

尼爾・弗格森(Niall Ferguson),翁嘉聲譯,《世界大戰:20世紀的衝突與西方的沒

落》，臺北：廣場出版社，2013年。

伊藤潔著，江萬哲譯，《臺灣──四百年的歷史與展望》，臺北：新遠東出版社，1994年。

何兆武，《歷史與歷史學》，湖北：湖北人民出版社，2007年6月。

江愛華，〈二十一世紀澳洲初等教育教改政策目標與計畫解析〉，《教育資料集刊》，第33期，2007年。

呂紹理著，《水螺響起：日治時期臺灣社會的生活作息》，臺北：遠流出版社，1998年。

邢義田，〈奉天承運─皇帝制度〉，收入鄭欽仁主編，《立國的宏規──中國文化史新論：制度篇》，臺北：聯經出版社，民國71年。

羊憶蓉，〈一九九〇年的澳洲教育改革：「核心能力」取向的教育計劃〉，《教改通訊》，20期，1996年。

吳密察，〈1895年臺灣民主國的成立經過〉，收入張炎憲等編：《臺灣史論文精選（下）》，臺北：玉山社，1996年。

吳翎君，《歷史教學理論與實務》，臺北：五南書局，2004年。

余英時，《歷史人物與文化危機》，臺北：東大出版社，民國84年。

李理，〈六三法的存廢與臺灣殖民地問題〉，《抗日戰爭研究》，第4期，2006年11月。

宋曜廷、劉佩雲、簡馨瑩，〈閱讀動機量表的修訂及相關因素之研究〉，《測驗學刊》，50卷第1期，2003年6月。

宋佩芬，〈講述中的歷史思維教學：一些可能與問題〉，《師大學報：教育類》，53卷1期，2008年4月。

狄漢（Stanislas Dehaene），洪蘭譯，《大腦與閱讀》（Reading in the Brain），臺北：信誼出版社，2012年。

佐藤學，鍾啓泉譯，《課程與教學》，北京：教育科學出版社，第六刷，2012年。

佐藤學，鍾啓泉譯，《學校的挑戰》，上海：華東師範大學出版社，第六刷，2012年。

佐藤學，鍾啓泉譯，《學習的快樂──走向對話》，北京：教育科學出版社，第八刷，2013年。

林劍鳴，《秦史》，臺北：五南出版社，1992年。

林偉盛，〈清代臺灣分類械鬥發生的原因〉，收入張炎憲主編，《臺灣史論文精選》上冊，玉山社，1996年。

林永豐、詹盛如，〈英國1990年代後期職業教育改革動向〉，《教育資料與研究》，43期，民國90年11月。

林滿紅，《晚近史學與兩岸思維》，臺北：麥田出版社，2002年。

林慈淑，《歷史，要教什麼？：英美歷史教育的爭議》，臺北：臺灣學生書局，2012年。

林博文，〈古巴危機小甘假話連篇〉，《中時電子報》，2013年3月27日。http://news.chinatimes.com/forum/11051401/112013032700477.html。

柯華葳，〈語文科的閱讀教學〉，收入於李吟主編，《學習輔導：學習心理學的應用》，臺北：心理出版社，1993年。

柯華葳，〈從心理學觀點談兒童閱讀能力的培養〉，《華文世界》，74期，1994年12月。

柯華葳，〈閱讀能力的發展〉，收入曾進興策劃主編《語言病理學基礎第三卷》，臺北：心理出版社，1999年。

柯華葳、詹益綾、張建好、游婷雅，《臺灣四年級學生閱讀素養（PIRLS 2006報告）》，桃園：中央大學學習與教學研究所，2008年。

柯華葳，《教出閱讀力2：培養Super小讀者》，臺北：天下雜誌出版社，2009年。

柯華葳，〈素養是什麼〉，《親子天下》，第25期，2011年7月。

柯華葳、詹益綾、丘嘉慧，《臺灣四年級學生閱讀素養（PIRLS 2011報告）》，桃園：中央大學學習與教學研究所，2013年6月。

金重遠，《20世紀的世界》下冊，香港：三聯書局，2001年。

帕爾默（R.R.Palmer）.科爾頓（Joel Colton），何兆武、孫福生等譯，《現代世界史》，北京：世界圖書出版公司，2009年。

《奏摺檔》，臺北，國立故宮博物院藏。

周姚萍，《臺灣歷史故事5—日本統治的時代》，臺北：聯經出版社，1996年。

周婉窈，《臺灣歷史圖說：史前至一九四五年》，臺北：聯經出版公司，二版二刷，1998年。

姚嘉文，《黃虎印1—臺灣七色記之四》，臺北：自立晚報出版社，1988年。

柳詒徵，《中國文化史》，上冊，臺北：正中書局，初版17刷，1990年。

柏楊，《中國人史綱》上冊，臺北：遠流出版社，2004年。

侯天麗，〈Vygotsky之兒童觀〉，收入洪儷瑜等主編《突破學習困難—評量與因應之探討》，臺北：心理出版社，2005年。

章太炎，《秦政記》，收入湯志鈞編：《章太炎政論選集》上冊，北京：中華書局，1977年版。

郝承敦，〈古巴導彈危機新論——關於赫魯雪夫決策動機及結局的分析〉，《拉丁美洲研究》，2002年4月，第2期。

洪儷瑜，〈學歷或是學力—談閱讀素養對教育之啓示〉，《教育研究月刊》，210期，

2011年10月。

孫瑞芹譯，《德國外交文件有關中國交涉史料選譯》，第一卷，北京：商務印書館，1960年。

高亞偉，《歷史四》，臺北：國立編譯館，11版，民國85年。

秦夢群，〈美國一九九〇年代後之教育改革及對我國之啓示〉，《教育資料與研究》，43期，民國90年11月。

許極燉，《臺灣近代發展史》，臺北：前衛出版社，199 6年。

許世楷，《日本統治下的臺灣》，臺北：玉山社，2006年。

教育部，《「普通高級中學課程綱要」—歷史課程綱要》，2011年5月27日。

陳衡哲，《文藝復興小史》，上海，商務印書館，民國15年1月。

陳登原，《中國文化史》上冊，臺北：世界書局，1966年。

陳密桃，〈從認知心理學的觀點談閱讀理解〉，《教育文粹》，國立高雄師範大學，第21期，1992年5月。

陳彥良，〈先秦黃金與國際貨幣系統的形成—黃金的使用與先秦國際市場〉，《新史學》，15卷4期，2004年12月。

陳伯璋主持，《全方位的國民核心素養之教育研究》，行政院國科會補助專題研究計畫，民國96年11月。

陳豐祥，《歷史一》，臺北：泰宇出版社，2011年。

陳豐祥，《歷史二》，臺北：泰宇出版社，2012年。

陳欣希等，《問好問題》，臺北：天衛出版社，2011年。

陳木金、許瑋珊，〈從PISA閱讀評量的國際比較探討閱讀素養教育的方向〉，《教師天地》，第181期，101年12月。

陸奧宗光，《蹇蹇錄》，伊舍石譯，北京，商務印書館，1963年。

戚其章，《甲午戰爭史》，上海：上海人民出版社，1990年。

麥爾（chard E. Mayer）林清山譯，《教育心理學—認知取向》，臺北：遠流出版社，1995年。

莊德仁，〈評介Georges Duby：History Continues《歷史的傳承》〉，《史耘》，第五期，1999年9月。

莊德仁，《顯靈：清代靈異文化之研究 —— 以檔案資料爲中心》，國立師範大學歷史研究所專刊（32），2003年。

莊德仁，〈難題的誕生：以九十三年大學學科能力測驗歷史科考題爲例〉，《高中歷史教學通訊》，第十六期，臺北，臺北市高級中學人文及社會學科輔導網歷史科輔導團出版，2004年6月。

莊德仁，〈從高中歷史科指考試題與教材探討：教學時數減少、課程內容改變的合理性〉，《歷史月刊》，第203期，2004年12月。

莊德仁，〈進步或停滯：2005年歷史科指考試題評價意見〉，《歷史月刊》，第216期，2006年1月。

莊德仁，〈從義和團與整體史談歷史科大考試題〉，《社會新天地》，第十三期，龍騰出版社，2006年3月。

莊德仁，〈危險、一元與猜謎：談97學年高中學測歷史科試題〉，《歷史月刊》，第243期，2008年4月。

莊德仁，〈「管蔡之亂」：談現今臺灣歷史科大考試題評論的分歧〉，《清華歷史教學》，第20期，清華歷史研究所，2009年10月。

莊德仁，〈回歸歷史：談98指考歷史科試題（上）〉，《高中歷史電子報》第5期：，翰林出版社，2010年4月。

莊德仁，〈回歸歷史：談98指考歷史科試題（下）〉，《高中歷史電子報》第6期，翰林出版社，2010年5月。

莊德仁，〈談歷史核心能力與教學〉，《歷史專刊》，全華出版社，2011年3月。

莊德仁，〈互動式教學法──以中國史澶淵之盟為例〉，《歷史報報》，第三期，康熙出版社，2011年4月。

莊德仁，〈互動式教學法──以高一中國史澶淵之盟為例〉，《歷史學科中心電子報》，第57期2011年5月。

莊德仁，〈互動式教學的應用──以「臺灣原住民：沒有歷史的民族」為例〉，《歷史學科中心電子報》，第62期，2011年10月。

莊德仁，〈性別平等融入教學教案設計：以「近世中國經濟發展與人口問題」為例〉，《歷史學科中心電子報》，第64期，2012年3月。

莊德仁，〈互動史教學法：以秦漢帝國體制與編戶齊民社會為例〉，《歷史學科中心電子報》，第66期，2012年5月。

莊德仁，〈傳統、能力與方法：大學入學考試中的歷史科解釋性試題分析（1990年～2011年）〉，《歷史教育》，第19期，2012年12月。

莊德仁，〈遊戲、互助與有效教學：「古巴危機」的歷史教學新嘗試〉，《歷史學科中心電子報》，第80期，2013年8月。

曹祥芹、韓雪屏主編，《國外閱讀研究》，鄭州：大象出版社，2002年。

喜安幸夫，《臺灣抗日秘史》，臺北：武陵出版社，1984年。

黃仁宇，《赫遜河畔談中國歷史》，臺北：遠流出版社，初版六刷，1990年。

黃仁宇，《中國大歷史》，臺北：聯經出版社，199３年。

黃昭堂著，黃英哲譯，《臺灣總督府》，臺北：前衛出版社，1993年。

黃啓江，《北宋佛教史論稿》，臺北，商務印書館，1997年。

黃綉媛，〈培養歷史思考的教學策略〉，《中學教育學報》，第4期，1997年6月。

楊寬，《戰國史》，上海：上海人民出版社，1979年。

楊存堂主編：《蘇聯歷史檔案選編》，第29卷，北京：社會科學文獻出版社，2002年版。

楊素霞，〈日治初期臺灣統治政策論的再考：以《時事新報》對漢人統治與拓殖務省問題的討論爲中心〉，《亞太研究論壇》，第33期，2006年9月。

張廣智、張廣勇，《史學—文化中的文化》，臺北，淑馨出版社，1992年。

張盛發，〈試析赫魯雪夫在古巴部署核導彈的動機與決策——寫在古巴導彈危機爆發50周年之際〉，《俄羅斯中亞東歐研究》，第6期，2012年12月。

馮雲飛，〈1962年古巴導彈危機與蘇聯對中印邊界問題立場的轉變〉，《黨史研究與教學》第2期，2009年4月。

喬希・維茲勤（Josh Waitzkin），游敏譯，《學習的王道》，臺北：大塊文化出版社，2009年。

蒲慕州，《世界文化史上冊》，臺北：國立編譯館，11版，民國85年。

張元，〈歷史教科書中的因果關係〉，載於張元、周樑楷主編《方法論：歷史意識與歷史教科書的分析編寫國際學術研討會論文集》，新竹：清華大學歷史系研究所，1998年。

張元，〈證據三明治：讀Teaching History 91 (1998) pp.17～19〉，《清華歷史教學》第15期，2004年11月。

經典雜誌編輯，《赤日炎炎：臺灣1895-1945》，臺北：經典雜誌，2005年。

趙繼琦、鄧峰，〈美國新聞署在古巴導彈危機中的行爲探析〉，《世界歷史》，2013年第三期，2013年6月。

甄曉蘭，《中小學課程改革與教學革新》，臺北：元照出版社，民國90年。

蔡錦堂，《戰爭體制下的臺灣》，臺北：日創社文化，2006年。

臺灣PISA國家研究中心，《PISA閱讀素養應試指南》，臺南，國立臺南大學，2008年12月。

蔡清田，〈課程改革中的素養（Competence）與知能（Literacy）之差異〉，《教育研究月刊》，2011年3月。

蔚藍天，《美國史》，臺北：臺灣商務印書館，民國81年，初版三刷。

蔣永敬，《歷史三》，臺北：國立編譯館，15版，民國88年。

劉子鍵、柯華葳，〈初探十八歲青少年需要之重要能力：能力的架構、意義與內涵〉，

《教育研究》，140期，2005年。

錢穆，《中國歷代政治得失》，臺北：東大出版社，1977年。

錢穆，《國史大綱》，〈引論〉，收入《錢賓四先生全集》第27冊，臺北：聯經出版公司，1998年。

赫魯雪夫（Nikita Khrushchev），上海國際問題研究所譯，《最後的遺言─赫魯曉夫回憶錄續集》，上海：東方出版社，1988年。

赫魯雪夫（Nikita Khrushchev），趙紹棣譯，《赫魯曉夫回憶錄》（下），北京：中國廣播電視出版社，1988年。

薛化元，《歷史一》，臺北：三民出版社，2011年。

魏斐德（Wakeman. F. E.）陳蘇鎮，薄小瑩等譯，《洪業：清朝開國史》，江蘇：江蘇人民出版，1992年。

赫魯雪夫（Nikita Sergeyevich Khrushchov）郭家申等譯，《導彈與危機──兒子眼中的赫魯雪夫》，北京：中央編譯出版社，2000年。

顧亭林，《原抄本日知錄》，臺北：文史哲出版社，民國68年。

外文書目.

Bransford, J. D., Brown, A. L. & Cocking, R. R., *How people learn: Brain, mind, experience, and school. Washington, D.C.: National Academy Press, 1999.*

Chall . J. S, *Stages of reading development.* New York, New York: McGraw-Hill, *1983.*

Cook, L. K., & Mayer, R. E., *Teaching readers about the structure of scientific text. Journal of Educational Psychology*, 80, 1988.

Chambliss, M. J., *Text cues and strategies successful readers use to construct the gist of lengthy written arguments. Reading Research Quarterly,* 30, 1995.

Davidson, J. W., *The Island of Formosa, Past and Present*, London: Macmillan, 1903.

Dale, E., *The cone of experience. In Audio-visual methods in teaching*, New York: Dryden Press. In D. P. Ely & T. Plomp (Eds.), Classic Writings on Instructional echnology. Englewood: Libraries Unlimited Inc, 1946.

Durkin.D, *children who read early* .New York: Teachers College Press, 1966.

Flavell, J. H, Metacognitive aspects of problem solving. In L. B. Resnick (Ed.), The nature of intelligence. Hillsdale, NJ: Erlbaum, 1976.

Foster, S. J, *Historical Empathy in Theory and Practice*, In Davis, O. L. Jr., et al (Eds). *Historical Empathy and Perspective Taking in the Social Studies.* MaryLand: Rowmen

Littlefiled Pubkishers, Inc, 2001.

Goodman K.S., *Reading: A psycholinguistic guessing game.Journal of the Reading Specialist*, 6, 1967.

Gough P.B., One second ofreading. In J.F. Kavanagh &I.G.Mattingly (eds.), *Language by ear and by the eye*, Cambridge, MA: MIT Press, 1972.

Graesser A.C., Hauft-Smith K., Cohen A.D., and Pyles, L.D.*Advanced Outlines, Familiarity, and Text Genre on Retention of Prose, The Journal of Experimental Education*, vol. 48, Summer, 1980.

Georges Duby, Problems and Methods in Cultural History, *Love and Marriage in the Middle Ages*, polity Press and the University of Chicago, 1994.

Kintsch W., *The use of knowledge in discourse processing: A Construction-Integration Model. Psychological Review*, 1988.

Kameenui E. J., & Simmons D. C., *Designing instructional strategies*. Columbus, Ohio: Merrill Publishing, 1990.

Kendra, M. H., Brenda, L. S., & Michelle, M. C., *Expository text comprehension: helping primary-grade teachers use expository texts to full advantage. Reading Psychology, 26*(3), 2005.

LaBerge D., & Samuels S.J., *Toward a theory of automatic information processing in reading.* Cognitive Psychology, 6, 1974.

Lyon.R, *Why reading is not a natural process. Educational Leadership*, 55(6), 1988.

Meyer, B. J. F., Brandt, D. M., & Bluth, G. J., U*se of Top-Level Structure in Text: Key for Reading Comprehension of Ninth Grade Students*, Reading *Research Quarterly, 16*(1), 1980.

Meyer, B. J. F., *Basic research on prose comprehension: A critical Review* .InD. F. Fisher, & C. W. Peters (Eds.), *Comprehension and the Competent Reader:Inter-Specialty Perspectives* . New York: Praeger, 1981.

OECD, *Assessing Scientific, Reading and Mathematical Literacy: A Framework for PISA 2006, 2006.*

Peter J. Lee, *Understand History*, in Peter Seixas (ed.), *Theorizing Hidtorical Consciousness*, Toronto:University of Toronto Press Incorporated, 2004.

Peter J. Lee, *Putting Principles into Practise: Understanding History,* in *How Students Learns: history, mathematics, and science in the classroom*, 2005.

Rumelhart D. E., Toward an interactive model of reading. In H. Singer & R. B.Ruddell(Eds.), *Theoretical model and processes of reading. (3rd ed.)*. Newark, DE: International Reading

Association, Inc, 1985.

Reutzel, D. R.& Cooter, R. B., *Teaching children to read: From basals to books (2nd ed.)*, . New Jersey, NJ: Prentice-Hall, Inc, 1996.

Stahl, S. A., *Hynd, C. R.*, Britton, B. K., McNish, M. M., & Bosquet, D., *What Happens When Students Read Multiple Source Documents in History? Reading Research Quarterly* 31, No 4, （October/November/December）, 1996.

Taylor, B. M., *Text Structure, Comprehension and Recall*. In S. J. Samuels & A. E. Farstrup (Eds.), *What Research Has To Say About Reading Instruction* (2nd *ed*), Newark, DE: International Reading Association, 1992.

UNESCO. *Aspect of literacy assessment:Topics and issues form the UNESCO expertmeeting*. Paris: Author, 2005.

Vygotsky, L. S, *Mind in society: The development of higher psychological processes*. Cambridge, MA: Harvard University Press, *1978*.

Wood D. J., Bruner J. S, & Ross G., *The role of tutoring in problem solving*. Journal of Child Psychiatry and Psychology, 17(2), 1976.

Wineburg, S. S., *Historical thinking and other unnatural acts: Charting the future of teaching the past. Philadelphia*, PA: *Temple University Press., 2001*.

Wineburg, S. S., *Crazy for History, Journal of American History*, Vol.90, no. 4 (March 2004).

Wineburg, S. S., Martin, D., & Monte-Sano, C, *Reading like a historian: Teaching literacy in middle and high school history classrooms*. New York: Teachers College Press, Columbia University, 2011.

藤村道生，《日清戰爭》，東京：岩波書店，第四版，1976年。

國家圖書館出版品預行編目資料

閱讀素養與中學歷史教材教法／莊德仁著.
－－初版. －－臺北市：五南, 2014.06
　面；　公分
ISBN 978-957-11-7607-9 (平裝)
1.歷史　2.閱讀指導　3.教學法　4.教材教學
5.中等教育
524.34　　　　　　　　　103007021

1IZC

閱讀素養與中學歷史教材教法

作　　者 — 莊德仁

發 行 人 — 楊榮川

總 經 理 — 楊士清

主　　編 — 陳姿穎

責任編輯 — 許馨尹

封面設計 — 童安安

出 版 者 — 五南圖書出版股份有限公司

地　　址：106台北市大安區和平東路二段339號4樓

電　　話：(02)2705-5066　　傳　真：(02)2706-6100

網　　址：http://www.wunan.com.tw

電子郵件：wunan@wunan.com.tw

劃撥帳號：01068953

戶　　名：五南圖書出版股份有限公司

法律顧問　林勝安律師事務所　林勝安律師

出版日期　2014年 6 月初版一刷
　　　　　2017年10月初版三刷

定　　價　新臺幣280元